EL COMENDADOR DE LAS SOMBRAS

CARLOS FORTEA

EL COMENDADOR DE LAS SOMBRAS

edebé

Paseo de San Juan Bosco 62
08017 Barcelona
www.edebe.com

Dirección de la colección: Reina Duarte
Diseño de cubiertas: César Farrés
Fotografía de portada: AGE Photostock

1.ª edición, marzo 2013

ISBN 978-84-683-0813-5
Depósito Legal: B. 173-2013
Impreso en España
Printed in Spain
EGS - Rosario, 2 - Barcelona

Para Patricia, cuyos pasos atiendo
con el orgullo del león que mira a su cachorro.

I

La primera vez que llegó hasta mí el nombre del Comendador de las Sombras fue a través de una cita bibliográfica. El libro en cuestión, una obra de carácter compilatorio sobre testimonios documentales del medievo en la provincia de Burgos, recogía, entre asientos de grano y cartas de privilegio, textos de índole privada, la mayoría de ellos en estado fragmentario, que daban cuenta de pequeñas transacciones o arreglos familiares. Entre ellos, procedente según decía el texto del desmembrado archivo del monasterio de San Pedro de Arlanza, figuraba el facsímil de un trozo de pergamino, manifiestamente arrancado de una pieza mayor, en el que, en latín, se podían leer las palabras: «1 de julio de 1102, a.D.: Acude a mí el Comendador de las Sombras. Desea hablar de la herencia del desterrado y del paradero del leal».

El recopilador de los materiales del volumen daba una interpretación simple y escueta al documento: su autor, sin duda un hombre culto —pues eran muy pocos los que sabían escribir en la Castilla de 1102—, había tenido probablemente un sueño en el que creía haber recibido la visita del Diablo. Tal vez llevaba un diario, o tal vez el sueño le había impresionado lo bastante como para sentir la necesidad de anotar el evento. Posteriormente, asustado por su propia osadía al escribir un texto tan comprometido, que podría costarle fácilmente una acusación de brujería, lo había separado del cuerpo principal y roto.

Lo que pasa es que no lo había roto. El texto estaba ahí, entero y verdadero, y a juzgar por el facsímil tan sólo había sido objeto de un par de dobleces, más destinadas a guardarlo o esconderlo que a la destrucción. Fuera cual fuese el motivo del desconocido de San Pedro de Arlanza, no tenía intención de romper ese papel.

Tampoco era algo que en aquel momento me quitara el sueño. Yo tenía entonces veintitrés años, un modesto puesto en la Universidad y, sobre todo, a Silvia. Me interesaban los documentos que manejaba en aras de mi trabajo —una tesis doctoral sobre rastros documentales de las órdenes militares—, pero mucho más los ojos y los labios y las palabras de mi compañera. Me afanaba en buscar las huellas del tiempo, pero más aún en apurarlo minuto a minuto. El manuscrito fragmentario de Burgos fue a parar a una caja junto con otras docenas de libros, y tardaría en volver a salir a la luz.

Pero no fue la luz, sino la sombra, lo que me hizo volver sobre el asunto.

Durante las vacaciones de aquel año de principios de la década de los ochenta, la tesis doctoral nos sirvió de pretexto para un recorrido por el norte de Castilla y por Aragón, supuestamente en busca de sepulturas de las órdenes del Temple, el Hospital, Santiago y Montesa. Cenábamos en pueblos encantadores, nos recogíamos en nuestra silenciosa habitación y a la mañana, incansables, cogíamos el coche para ir hacia el siguiente destino de un mapa con más cruces y flechas que una cartografía militar.

En un pueblito al norte de Teruel al que se llegaba por una carretera serpenteante y empinada, un pueblo pequeño y montañés por cuyo centro pasaba con estruendo sostenido el rápido de un río de poco más de tres metros de anchura, teníamos reseñada una típica iglesia octogonal que, según la información de que disponíamos, daba albergue a un conjunto de sepulturas de altos dignatarios del Temple. Mi intención era extraer información de las inscripciones para mi personal puzle académico.

Para nuestra sorpresa, la iglesia estaba abierta cuando llegamos. Aún era relativamente pronto, la temperatura en las calles del pueblo era fresca, y la impresión al entrar al abrigo de las macizas paredes románicas del templo fue más bien de frío. Los pocos vanos que el arquitecto había diseñado para el paso de la luz servían para iluminar la nave, pero además, dado el ángulo que las paredes guardaban entre sí, formaban un curioso haz de rayos que se unía en un punto del testero, marcando con el brillo del rayo más intenso el punto en que en ese momento se encontraba el sol.

—Un reloj de sol —dijo Silvia—. No desperdiciaban ninguna ocasión de aprovecharlo todo.

—No desperdiciaban nada… Mira el suelo.

Bajo los bancos de la iglesia, en el espacio entre ellos

y el altar, en cada flanco del octógono, se sucedían las lápidas, encajadas las unas con las otras como grandes baldosas rectangulares. No había apenas un sitio en que poner el pie que no tuviera debajo los huesos de un guerrero cruzado.

—Estamos de pie sobre un cementerio —dije, y por un momento el frescor de la iglesia se me volvió hostil, como si en vez del aire preservado del sol estuviéramos envueltos en el aliento de la Muerte.

—Nunca entenderé cómo les ponen bancos encima y se sientan tranquilamente en ellos —Silvia se había cogido los brazos y se los frotaba con suavidad—. No lo entiendo ni por respeto ni por creencias.

—Por no hablar del patrimonio histórico —me agaché y pasé los dedos sobre las letras borradas por el tiempo de una de las tumbas—. Fíjate. Ya casi es imposible leer los nombres.

—Condenados al olvido. Los grabaron en piedra para perdurar, y mira lo que hemos hecho con ellos.

—Bueno —me incorporé y le pasé un brazo por los hombros—. Cambiemos de tema. Si seguimos hablando así, dentro de un minuto me parecerá obsceno sacar el cuaderno y empezar a anotar inscripciones.

Silvia sonrió, me besó una mejilla y sacó el cuaderno del bolso.

—¿Por dónde empezamos?

Puesto que no había nadie allí, dejamos para más tarde recabar el permiso del cura para nuestras tareas y corrimos el riesgo de que nos sorprendiera en ellas y tuviéramos que dar explicaciones.

La iglesia era un tesoro histórico, aunque muchas de

las lápidas estaban ya del todo ilegibles, redondeados sus bordes, alisados los escudos; en algunas las cruces templarias se veían como a través de un velo, o como si una fina corriente de agua estuviera bañándolas; otras, talladas con más profundidad de relieve o simplemente salvadas por el capricho del tiempo, conservaban los nombres de al menos un maestre de la orden, un senescal y varios comendadores. A pesar de la sobriedad habitual de sus enterramientos, algunas lápidas tenían alguna frase alusiva a la especial nobleza del finado o a su participación en alguna batalla relevante.

Llevábamos pliegos de papel seda que colocábamos sobre las inscripciones para copiarlas pasando sobre ellas un carboncillo suave. Estuvimos así casi dos horas, apartando bancos y volviéndolos a colocar, sin que por allí apareciera nadie. Entonces Silvia tuvo una súbita inspiración:

—Son las doce —dijo—. ¿Adónde estará señalando ahora el haz de luz?

Conocíamos la costumbre de los arquitectos medievales de entregarse a esa clase de juegos. La hora del mediodía como ocasión para rendir homenaje a algo, para señalar algo oculto o simplemente para enfocar alguna talla obscena en la pared, para burlarse de los clientes que habían encargado la obra. Nos levantamos, nos sacudimos el polvo de las rodillas y seguimos el rumbo de la luz.

Los rayos de sol que entraban por los lados del octógono se unían en efecto en un punto del templo, y un punto curiosamente descentrado. Caían sobre un rincón de la parte trasera de la iglesia, en el que al parecer no había nada. Un saledizo en la pared que hacía aún más sombrío el rincón oscuro.

Pero sí había algo. Unas letras talladas en el suelo. Una inscripción latina con el texto *Hucusque lux.*

—Hasta aquí llega la luz —traduje—. Muy gracioso.

—No seas tonto —dijo Silvia—. Tallar esta piedra lleva días. Nadie se tomaría esa molestia para gastar una broma tan pobre.

Tocó el saledizo, pensativa.

—Qué inteligente —dijo—. Esta especie de tejadillo es lo bastante ancho como para que, en las distintas épocas del año, la luz llegue más o menos a su interior. Probablemente ésta sea la época en la que más penetra.

Dobló una rodilla y palpó las puntiagudas letras, como si pudieran transmitirle algo más de lo que decían. El pelo castaño le caía sobre el rostro inclinado, mostrando su perfil como a través de un velo, y me entregué a la distracción, como he de confesar que me ocurría frecuentemente en aquellos días, así que no vi cómo Silvia dirigía la mirada a una lápida sin ninguna inscripción a la que daba sombra el saledizo, la palpaba también con esos dedos largos y sensibles que mi piel conocía, hacía trepar la mano por la pared y la detenía en ángulo recto con el rostro. Frunció el ceño.

—Mira.

—¿Qué? —dije, de regreso de mis ensueños.

—Mira esto.

Me agaché. En la pared, bajo el saledizo, oculta por él, había otra inscripción. Seguí con la mirada el deslizarse de sus dedos sobre las letras, mucho más profundas y mejor protegidas por la Historia, en aquella pared que lógicamente ningún pie había hollado.

—*Alvar Montcadae, Commendator Umbrae* —leí.

Y me detuve. Instintivamente, bajé la vista hacia la lápida sin identificación. *Aquí se detiene la luz,* estaba escrito en su borde exterior. La luz se detenía ante la sombra. Y en la sombra imperaba otro poder distinto.

Sentí, y es una sensación que uno puede no sentir nunca, la palpitación del descubridor. Aquel monje burgalés, o quien quiera que hubiera escrito aquella cita, no había soñado con el Diablo. Había recibido la visita de un hombre. Según todos los indicios, de un mando de la Orden del Temple. De uno del que yo, que llevaba mucho tiempo inmerso en sus costumbres y jerarquías, jamás había oído hablar.

Y sin embargo, no era posible. La orden de los pobres caballeros de Cristo había sido fundada en 1118, y la visita de aquel misterioso individuo había tenido lugar dieciséis años antes. Demasiado pronto.

Silvia se dio la vuelta, y seguí por instinto la dirección de su mirada. A pocos metros de nosotros, cortando el rayo de luz que nos había conducido allí, había un hombre de treinta y tantos años, vestido con una camisa blanca y unos vaqueros, que nos miraba con expresión de ligera inquietud.

—¿Puedo ayudarles en algo? —dijo.

Su mirada vagó un instante por los rollos de papel seda, los carboncillos y los cuadernos desparramados. Me di cuenta de que debíamos parecer cualquier cosa menos turistas.

—A lo mejor sí —dije incorporándome—. Estábamos buscando al párroco.

El hombre sonrió.

—No está debajo de ninguna de esas lápidas —dijo.

—Menos mal —reí forzadamente—. Si lo estuviera, no podríamos pedirle un permiso que necesitamos.

El hombre asintió con la cabeza y levantó un índice admonitorio.

—Ahora empezamos a entendernos —dijo—. Soy Andrés Ortega, el párroco de esta iglesia. Si me acompañan, puedo invitarles a tomar un café y explicarles que lo normal es pedir el permiso *antes* de empezar a hacer copias de inscripciones medievales.

II

El camino que llevaba al monasterio era empinado y serpenteante, y a cada paso el caballero tenía la impresión de inclinarse más sobre la grupa, ya fuera por el aumento de la pendiente, ya por la creciente cantidad de ramas bajas de un bosque que iba haciéndose más espeso. El rumor constante del viento en la hojarasca, el del agua lejana de un riachuelo, el de los miles de animales de la floresta, mecía sus oídos como el repicar de las gotas de lluvia en primavera.

Finalmente, la senda empezó a aclararse, se hizo aún más inclinada, torció bruscamente hacia la izquierda, y la mole oscura del edificio monacal apareció ante sus ojos.

El caballero —alto, de rostro enjuto enmarcado por una fina barba muy recortada, vestido con una cota de malla cuyo capuchón colgaba sobre su espalda y una simple sobreveste blanca— volvió a erguirse en la silla, acicateó apenas a su montura y se dirigió hacia la puerta principal.

La fachada del edificio era una pared sin aberturas, salvo unas cuantas aspilleras por encima del primer piso, en la que la única señal destacada era un grueso portón de madera reforzado con herrajes metálicos. Una gran aldaba de hierro forjado campaba entre ellos.

El caballero la empuñó y llamó con fuerza. Mientras esperaba, descolgó de la grupa de su montura un hato sujeto con dos cinchones, que contenía su escueto equipaje. Aún estaba haciéndolo cuando junto a la aldaba se abrió un recuadro en la madera, y unos ojos inquietos le miraron.

—¿Quién llama? —dijo una voz.

—Un caballero cristiano —respondió el visitante.

—¿Qué os trae por aquí? —era evidente que su interlocutor no se conformaba con declaraciones.

—El cumplimiento de una misión.

—¿Qué misión?

—Eso no es de vuestra incumbencia. ¿Pensáis abrir, o es que en San Pedro de Arlanza se trata a los caballeros peor que a cualquier peregrino?

El monje que atendía la mirilla titubeó. Tras otra breve duda, cerró la mirilla y pronto se oyó el ruido inconfundible de los cerrojos al descorrerse. Una eternidad de cerrojos. Finalmente, la puerta se abrió.

—Sed bienvenido.

El caballero no se dignó contestar. Era evidente que estaba irritado.

—Acomodad a mi caballo y llevadme ante el abad —dijo en tono imperativo.

Esta vez no hubo dudas. El monje hizo una leve inclinación de cabeza, se detuvo a volver a correr la innumerable ristra de cerrojos de la enorme puerta y cogió la montura de las riendas mientras el caballero esperaba paciente junto a la entrada. Volvió poco después y le invitó a seguirle con un gesto de la mano.

La celda del abad ocupaba una atalaya de la parte alta del monasterio, a la que se llegaba por una escalera de caracol iluminada por abocinadas ventanas. Cuando el monje abrió la puerta y se hizo a un lado, el visitante tuvo ocasión de echar un rápido vistazo a una estancia semicircular en la que había una mesa tras la que destacaba un gran sillón de brazos, un pequeño altar con un reclinatorio a su derecha y a la izquierda una serie de vasares y anaqueles con unos pocos objetos de culto y libros. Al pie de una ventana había dos jamugas enfrentadas, como para una confesión o un debate teológico. En el centro de la estancia se alzaba la figura del abad, revestido de parda cogulla. El visitante se vio frente a un hombre sin duda entrado en años, pero aún no anciano, de barba más blanca que gris, cejas pobladas y ojos penetrantes en una cara cargada de arrugas. Todo en él estaba desprovisto de actitud paternal, de los suaves ademanes del abuelo. Cargado de espaldas por los años, pero todavía alto, de manos recias y nudosas, y voz grave y firme, parecía un viejo guerrero purgando alguna clase de penitencia más que un hombre de contemplación. Con la seguridad de quien sabe que será obedecido, extendió la mano derecha para que el caballero besara su anillo. Éste hincó la rodilla y lo hizo así. Luego, en pie frente al abad, esperó a oír a sus espaldas el crujir de la puerta al cerrarse y sacó un objeto de su cinturón.

—Traigo esto para vos —dijo.

Abrió la mano. Sobre la palma había un sello circular tallado en hueso, de unos tres centímetros de diámetro, en el que se veían con claridad unas llaves cruzadas. El visitante permitió que el abad lo observara un segundo, tras lo cual cerró la mano y la apretó con fuerza. El abad alzó levemente las cejas.

—¿Vuestro nombre?

—Álvar de Moncada.

El monje extendió la mano en dirección a las jamugas enfrentadas.

—Sentaos —dijo—. Recibí la carta que me advertía de vuestra llegada, pero no me decía vuestro nombre. ¿Qué puedo hacer por vos?

—¿No lo suponéis?

—Solamente supongo lo que no me dicen —el rostro del monje era pétreo—, y aún entonces dedico más tiempo a preguntarme por qué no me lo dicen. Sois vos quien acude a mí. Hablad.

El caballero inclinó la cabeza y sonrió, en un mudo gesto de aceptación. Se concentró un instante, como si estuviera ordenando sus pensamientos.

—La ciudad de Valencia fue abandonada en mayo por el rey Alfonso, después de incendiarla —comenzó—. Os supongo enterado de ello.

—Lo estoy.

—Sabréis también que la viuda del Campeador ha trasladado sus restos a Castilla, para evitar su profanación, y que sus leales la acompañaron hasta San Pedro de Cardeña, y allí llevaron el cuerpo del Cid.

El monje asintió con la cabeza. El caballero volvió a guardar silencio, como si le costara trabajo dar forma a sus palabras.

—Hace dos años —empezó al fin—, Valencia estaba sitiada y el Campeador convalecía de una grave herida. Según cuentan los testigos, murió el 10 de julio, y sus leales temieron lo peor. La noticia, como ellos esperaban, llegó al campo enemigo, y los sitiadores se aprestaron a dar un asalto final. Fueron momentos de terrible apuro. La viuda del Campeador no tenía fuerzas para arengar a los sitiados, que caían presa de la desmoralización y el miedo. Pronto los preparativos de los moros fueron visibles desde las almenas.

«Entonces Álvar Fáñez, el llamado Minaya, el capitán predilecto del Campeador, concibió una idea desmesurada... Se había quedado junto a Jimena a la cabecera de su señor, invocando de él la inspiración que tantas veces les había guiado a la victoria, y en una de las veces en que tocó su puño frío y entrecerrado, su rigidez le insufló una ocurrencia. Puso una mano sobre el hombro de la viuda y le pidió a la vez permiso y perdón para lo que iba a hacer, y antes de que Jimena, anegada en lágrimas, pudiera preguntar de qué le estaba hablando, descolgó de su gancho en la pared la Tizona del Cid, la desenvainó y, apretando los dientes, la puso en la mano del guerrero muerto. Y la Tizona se sostuvo rígida en el puño helado.

«Minaya salió de la habitación y gritó a quien quisiera escucharle que se había producido un milagro. El Campeador estaba vivo. Había despertado de un profundo letargo y había reclamado su caballo. Vamos a hacer una salida, ordenó.

«Enseguida, reunió de entre los deudos a aquellos de más confianza y les hizo pasar a la cámara mortuoria. Sin explicaciones, les ordenó que le ayudaran a incorporar al Cid y envolverlo en su cota de malla, que hubo que atar al cuerpo mediante cinchas porque no se le podían mover los helados miembros. Él mismo le puso el yelmo en la cabeza, con el largo protector nasal ocultando la cara, y enfrentó al hacerlo la mirada de sus ojos muertos. Luego, lo sacaron de la habitación por un pasadizo hasta llevarlo a las caballerizas, y allí le ataron la cintura al arnés del caballo y las piernas por debajo de la panza del animal, y lo cubrieron todo con un largo manto.

«Minaya montó junto a él, tomó de la brida el corcel del Cid y salió al patio de armas en medio de un silencio sepulcral. Cuando los hombres vieron al Campeador, estallaron en gritos de alegría. Las huestes le rodearon, las puertas se abrieron, y el blanco caballo que tan bien conocían amigos y enemigos se lanzó en tromba al frente de la salida de los cristianos.

«No hace falta decir lo que los moros pensaron al verlo aparecer. No sabían si fiarse de los relatos de sus espías, y pensar que tenían ante sí un fantasma, o deducir que se habían equivocado y el Cid estaba vivo. Las dos posibilidades les infundían a cual mayor temor. Salieron de estampida, y las tropas cristianas les infligieron gran cantidad de daños. Hubo una desbandada, y para cuando los cristianos volvieron a guarecerse detrás de sus murallas a los moros no les quedaba otra opción que levantar el sitio.

El caballero volvió a hacer una pausa, durante la cual escrutó el rostro del abad.

—¿Teníais noticia de esto? —preguntó.

—La fama había traído algunos rumores —dijo el monje—. Pero la fama trae siempre muchas cosas a estos lugares apartados.

—¿Qué más ha traído la fama hasta aquí?

—Me ha hablado de un enviado del Santo Padre, un comendador que indaga en las sombras y conoce arcanos que sólo están al alcance de los sabios o de quienes escuchan sus enseñanzas, que sólo viaja en su nombre y muestra su sello cuando hay buenas razones para hacerlo. Y yo estoy esperando escuchar esas buenas razones.

Por primera vez desde su llegada el caballero se echó a reír, y su risa tranquila dulcificó sus facciones. Inclinó la cabeza y prosiguió, ahora con una sonrisa en los labios:

—Disculpadme, padre, estoy tan habituado a preguntar que me cuesta trabajo ser yo el que habla.

El fraile se encogió de hombros.

—No habríais venido hasta aquí si no supierais que entre estos muros se alberga mucha de la sabiduría que vos cultiváis, y que podéis hablar con franqueza —se levantó y dio unos pasos por la habitación—. Sí, a mí también me llegaron noticias de la última batalla de Mío Cid, y también yo me hice muchas preguntas. Un hermoso relato, para ser contado por un juglar, aunque un relato extraño e inverosímil. Pero… —se volvió y enfrentó la mirada del caballero—. Han pasado ya dos años de esto. ¿Por qué hurgar en las ascuas del pasado?

—Hay ascuas cuyo fuego interior no es fácil apagar.

—Han estado apagadas todo este tiempo.

—No podía ser de otra manera. Estaba en juego Valencia. Ninguno deseábamos que nada pudiera causar perturbación en su defensa.

—Y ahora que ha caído…

—Ahora es el momento de indagar. De saber qué pasó en realidad. Si todo fue natural y explicable, o pecaminoso, o sobrenatural.

El abad volvió a sentarse. Se inclinó y cruzó los puños, apoyando los codos en los muslos.

—¿Qué queréis, comendador? No creo que precisamente vos me necesitéis para vuestras indagaciones.

—Siempre es necesario compartir el conocimiento… Además, necesito dos cartas de presentación, para el prior de Cardeña y para doña Jimena. Y todo lo que vos podáis contarme.

El abad volvió a echarse hacia atrás. Había entrecerrado los ojos, y su rostro estaba rígido como una estatua de piedra.

—Cartas de presentación —repitió—. ¿Es que vuestro rango no es suficiente carta de presentación?

—Roma está muy lejos. Lo que yo tengo que pedirle al prior le haría pensar durante demasiado tiempo si ayudarme o no.

—¿Qué puede ser tan importante?

Ahora fue el caballero el que endureció el gesto, y el abad observó por vez primera que sus ojos tenían un color indeciso entre el marrón y el verde, y que a juzgar por el negro de su pelo y la tersura de su piel no podía ser muy viejo. Cuando habló, su voz fue seca y metálica:

—Vos y yo tratamos con la vida y con la muerte —dijo—. Ni a vos ni a mí nos gusta, pero es así. Semejante tarea no deja espacio a juegos. Así que no juguéis.

El abad suspiró. Los músculos de su rostro se aflojaron. Habló sin mirar al caballero:

—Es verdad que no me gusta —dijo—. Rezo cada día por librarme de esta carga, y maldigo la fecha en que pedí los primeros permisos para hacer mis primeros estudios.

—Tampoco yo soporto con levedad este peso —la voz del caballero había vuelto a suavizarse—, pero sabéis, a estas alturas, que no podemos ignorarlo. Somos una comunidad pequeña, pero en nuestras manos hay tanto poder que estamos obligados a administrarlo.

—Si no nos cuesta el alma —dijo apesadumbrado el abad.

—Y aunque nos la cueste —repuso el caballero.

Los rasgos castigados del abad se distendieron en una sonrisa, y la mirada que dedicó al visitante en esta ocasión fue irónica.

—Sois más joven de lo que pensaba —se limitó a decir—. Está bien, os daré esas cartas.

—¿Y lo que sabéis?

—Seguramente lo mismo que vos —dijo el fraile con viveza—. Doña Jimena está en Cardeña con su esposo, y allí piensa quedarse para siempre. En cuanto a los capitanes del desterrado, Muño Gustioz y su esposa se han quedado con la viuda; dicen que él es presa de infinita melancolía, y en los alrededores del monasterio lo llaman ya «el guardián del sepulcro»...

El caballero pareció ir a hablar, pero no dijo nada.

—Martín Antolínez y Pero Bermúdez han pasado al servicio del rey, lo mismo que Félez Muñoz. Como es natural, don Alfonso los ha repartido por las fronteras. No es bueno que hombres tan acostumbrados a la indisciplina estén juntos…

El caballero sonrió suavemente.

—De los otros guerreros poco se sabe, porque poco hay que saber. Hombres de tropa, que sólo conocieron su momento de gloria por estar cerca del desterrado, pero que no tienen lugar en su herencia.

—¿Su herencia?

—Quiero decir tan sólo que su gloria acabó. Terminarán sus días al servicio de algún señor feudal, muriendo en alguna campaña del rey o haciendo correrías por su cuenta.

—¿Qué herencia? —insistió el caballero—. Valencia se ha perdido, Jimena está acogida a los muros de un templo, la mesnada dispersa: el Campeador no ha dejado mucho a los suyos.

—Así es.

—¿Y Minaya?

—¿Qué queréis de Minaya?

El caballero apreció el tono de perfecta neutralidad, la expresión inalterada, y la alarma se abrió paso en su interior, pero tampoco quiso que se percibiera en su propia actitud. Trató de componer el mismo gesto y tono al preguntar:

—La misma información que de los demás: saber dónde está.

—Donde los demás: al servicio de algún señor feudal, muriendo en alguna campaña del rey o haciendo correrías por su cuenta —repitió.

Esta vez el caballero no ocultó la risa abierta. Ya sabía a qué atenerse con el abad. Ya sabía que no contaría con su colaboración, por algún oculto y oscuro motivo.

—Vaya —empezó—. El principal capitán del Cid, el portaestandarte de sus mesnadas, el leal, no guarda su tumba ni a su viuda, no cuida su memoria en la corte del rey, no extiende la fama de sus hechos.

—No.

—¿Y no os extraña?

—¿Por qué? —el tono del abad continuaba siendo indiferente—. El Campeador ha muerto. Sus hazañas fueron obra de un ser singular, el reino por él fundado le sobrevivió apenas dos años. Os lo he dicho antes: nada queda de toda su gloria. Es natural que el que fue su mano derecha no soporte la curiosidad morbosa de las gentes, y busque la paz en el olvido.

—Entonces, ¿no sabéis nada de él?

—Nada.

El caballero cabeceó con suavidad, sin dejar de mirar a los ojos al clérigo. Deseaba levantarse y poner fin a la entrevista, pero ese privilegio correspondía al anfitrión.

—¿Me daréis esas cartas, pues? —dijo.

—Os las daré —respondió levantándose el abad. El caballero le imitó—. ¿Estaréis mucho tiempo entre nosotros?

—Hasta mañana.

—¿Y después?

El rostro del comendador era ahora tan duro como las frías paredes del cenobio.

—Indagaré —afirmó.

El abad miró por la ventana del torreón, hacia un cielo que empezaba a adquirir un color rojizo que se reflejaba extraño en sus ojos. Parecía sinceramente cansado. Parecía sinceramente al filo de sus fuerzas, a pesar de que sólo un momento antes era aún un hombre duro y combativo, un adversario que batir.

—No lo hagáis —dijo sin mirar al caballero—. Dejad descansar en paz a los muertos.

—Sólo la verdad otorga el descanso.

El abad volvió la vista hacia él.

—Tal vez no encontréis la verdad —dijo suavemente.

—Entonces, tendré que seguir buscándola.

El clérigo trazó una bendición en el aire, y el guerrero ataviado de sobreveste blanca dobló una rodilla ante el gesto, con la mano en el pomo de la espada, pero no se persignó. Salió dando la espalda a la conversación infructuosa y al monje renuente.

Cuando la puerta se cerró, el abad quedó inmóvil un instante, entregado a la reflexión. Se dirigió a su escritorio y abrió un grueso libro manuscrito. Se sentó a la mesa, destapó un tintero y empuñando una pluma escribió: «1 de julio de 1102, a.D.: Acude a mí el Comendador de las Sombras. Desea hablar de la herencia del desterrado y del paradero del leal».

III

El hombre al que, en otros tiempos, todo el mundo se habría dirigido como don Andrés y habrían atendido y agasajado en las casas de las fuerzas vivas habitaba una casita vertical y estrecha a la que se accedía por una escalera exterior tallada en piedra. Era un cura desenfadado, que preparó un desayuno sobrio pero abundante y, mientras lo hacía, nos dirigió lo que parecían preguntas casuales, pero componían en realidad lo más parecido a una filiación. Para cuando sirvió el café caliente y se sentó a la mesa con nosotros, ya sabía a qué habíamos venido, que éramos lo que él podría llamar una pareja no legítima y que nos daba exactamente igual.

A él también parecía darle igual, como le daba igual lo que a nosotros nos parecía un importante descubrimiento. No dijo una palabra sobre su propio trabajo allí, pero daba toda la impresión de que la cura de almas atravesaba por un momento bajo, y de que él lo aceptaba sin cuestionamientos. En la casa había muchos libros, tirados por encima de cualquier sitio, que sugerían a alguien más ocupado en su mundo interior que en otras cosas.

Ya nos habíamos disculpado hasta la saciedad por la irrupción en su pequeño templo, y él lo había aceptado sin el menor reparo, suficientemente satisfecho con el tirón de orejas impartido in situ. Por lo demás, y en contra de lo que me habían hecho esperar tantos libros, no tenía más información que nosotros acerca de aquella tumba que la luz jamás visitaba.

—No..., sin duda la iglesia tiene sus archivos, pero no merecen el nombre de antiguos. Son meros archivos parroquiales, la mayoría del siglo pasado, libros de asiento donde figuran las compras de algunos santos de escayola o contabilidades de andar por casa. Aparte, por supuesto, de los archivos propiamente dichos: bautizos, comuniones, bodas, etc.

—Eso tampoco significa que no contengan información útil —objeté—. La inscripción de que hablamos la encontré en uno de esos libros de uso.

—Por mi parte no hay ningún inconveniente en que hojees todo lo que quieras, pero, sinceramente, no creo que merezca la pena el esfuerzo.

—Por algún sitio tenemos que empezar... —apunté.

El cura se encogió de hombros y se pasó la mano por el pelo apenas peinado.

—Tal vez sea eso lo que tengáis que precisar... ¿Qué andáis buscando? Has encontrado el nombre de un supuesto caballero del Temple que se llamó Álvar de Moncada, que ostentó al parecer un cargo de dudosa fiabilidad histórica, dados los documentos —detuvo mi incipiente objeción alzando la palma de la mano—, por más que tú hayas encontrado otra cita en el mismo sentido —concedió—, y que está enterrado en *mi* iglesia

—el posesivo estuvo preñado de una indefinible sorna—. Todo junto no significa nada. Si existió alguna vez una *encomienda de las sombras,* pudo tener muchos comendadores, aquí y en otras provincias templarias. Moncada sólo sería uno de ellos. Por otra parte, no debió de ser una encomienda muy importante, si dejó tan poca huella en la Historia. En cuanto al enterramiento, pudo deberse a falta de mejor espacio, o a algún voto hecho en vida. Yo creo que todo esto no es más que una curiosidad, algo así como un bicho raro en una feria.

Silvia se echó a reír. Dio un sorbo al café y contraatacó:

—Estupendo alegato. Serviría usted como abogado del diablo…

—Por favor, tutéame.

—Perdón, servirías como abogado del diablo. Pero todo esto se puede contraargumentar. Si efectivamente esa encomienda hubiera sido duradera en el tiempo, habría dejado mil vestigios a su paso. Todo depende de cuánto duró. La fecha aproximada del enterramiento, a falta de estudios más precisos, no debe de andar lejos de la de la inscripción del cartulario de Burgos. El fenómeno luminoso que nos llevó hasta la tumba del comendador parece demasiado elaborado como para ser casual; y el personaje, lo bastante importante como para construir una iglesia entera con la finalidad de señalar su tumba…

—Señalarla como la de un apestado, al menos —replicó Ortega—. La metáfora de la luz y las sombras es inequívoca en la Edad Media.

A mí se me escapó una carcajada.

—Sería grandioso que hubiéramos descubierto la tumba de un gran villano, un apóstata, un traidor o algo por el estilo…

—Lo que desde luego concordaría con la falta de otros vestigios —completó Silvia—. A un traidor se le habría aplicado la *damnatio memoriae,* y su nombre habría sido borrado de todo registro público.

El cura frunció el ceño. La hipótesis le había interesado, aunque sacudió lentamente la cabeza.

—No —dijo con énfasis—. No estaría enterrado en sagrado.

Silvia y yo guardamos silencio por unos instantes, como si hubiéramos perdido un asalto en el pugilato intelectual que estábamos sosteniendo. Entonces, consciente de que abría distintas puertas, yo arriesgué otro argumento:

—¿Ni siquiera en una iglesia templaria?

—Pobres templarios —dijo Ortega—. Les culpamos de todo lo que no entendemos. Esa interpretación tuya dependería de cuál sea la índole de vuestra aproximación a la orden. No es lo mismo enfocar este asunto desde una perspectiva histórica que desde una esotérica.

—Un momento —la palabra «esotérica» me había ofendido profundamente—. Soy historiador. Por supuesto que sólo me interesa una perspectiva histórica. Pero el hecho de que no haya brujas no significa que quienes las quemaban no creyeran en su existencia. Es un hecho que los templarios concedían valor a cuestiones de índole cabalística, que no esotérica, en el sentido popular del término; y que eso explica ciertas preferencias arquitectónicas, por ejemplo. No hace falta recurrir a submundos para explicar eso.

Se hizo un silencio incómodo, y comprendí que había sido demasiado vehemente, y puede que un punto infantil. Silvia se mordía la uña del pulgar, infalible indicio de confusión, y el cura miraba el fondo de su taza como si en lo que realmente creyera fuera en los posos del café.

Entonces alguien tocó con los nudillos en el cristal de la ventana. Cuando nos volvimos, vi enmarcado en ella lo que me pareció el rostro más hermoso que jamás había visto, a pesar de Silvia. Se trataba de una chica quizá más joven que yo, de cara sonriente en la que brillaban unos dientes más grandes que pequeños tras unos labios rosados y carnosos; a los lados de una naricilla ligeramente respingona, dos grandes ojos negros de alegre mirada saludaban al conocido y a los desconocidos, y una melena castaña cobriza ondulada en bucles sueltos y vivos acariciaba con las puntas unas mejillas carnosas como de muñeca de porcelana.

El cura hizo una seña sin levantarse, y la chica abrió la puerta y entró agachándose ligeramente, como habíamos hecho antes nosotros en la puertecita de la vieja casa. Vestía, igual que nosotros, unos viejos vaqueros y una blanca camiseta de tirantes que ajustaban un cuerpo tenso y flexible. Cuando habló, su voz fue tan alegre como sus ojos y su boca, y me sonó a fresco y a música:

—¿Estás ocupado? ¿Quieres que vuelva luego? Perdonad, no os he dicho nada —dijo volviéndose a nosotros y tendiendo la mano—. Soy Laura. Hola.

—Silvia y Javier —nos presentó el cura—. No, no

vuelvas luego. Al contrario. Creo que nos vienes a las mil maravillas —levantó la tapa de la cafetera—. Aún queda café. ¿Quieres?

—¿No es un poco tarde para desayunar? —dijo Laura mirando los platos sobre la mesa.

—Esto es un desayuno de trabajo —dijo, jovial, el clérigo—. Estamos debatiendo un asunto que afecta de manera tangencial a tu especialidad.

Miré con renovada atención a Laura, sin decidirme a preguntar, pero Silvia lo hizo por mí:

—No me digas que eres historiadora.

—Del arte —dijo Ortega—. A ella no le interesan las tumbas sino los frescos.

—Te he dicho mil veces que a mí me interesa todo, Andrés.

—Eso también es cierto —concedió el interpelado.

Laura entró con desenvoltura en la cocina y regresó minutos después con un platito con unos triángulos de queso, que dejó en el centro de la mesa.

Silvia y yo cambiamos una mirada, mientras Laura empezaba a mordisquear un trozo de queso y empujaba el plato hacia nosotros. Acercó una silla y se sentó. Se reía sin decir nada, y volvimos a mirarnos, supongo que con cara de confusión.

—Es el queso —bromeó Andrés—. Compro queso hilarante en el ultramarinos de la esquina.

—Perdonadme —dijo Laura—. Es que iba a preguntaros qué buscabais en las tumbas y la pregunta me ha parecido melodramática, como si fuerais buscadores de tesoros o algo así.

Silvia me puso una mano en el hombro.

—Es verdad —dijo—. Nunca me había dado cuenta de lo mucho que te pareces a Indiana Jones.

Las dos mujeres se echaron a reír, mientras el cura sonreía en silencio, y yo me sentí perfectamente ridículo, como siempre que dos mujeres establecen una complicidad en mi presencia.

Laura le alargó a Silvia un trozo de queso, como si quisiera sellar ese vínculo recién creado, y cuando lo cogió y sus manos se acercaron un segundo en el aire las comparé a la velocidad instantánea del pensamiento: el rostro redondo y lleno de pequeñas curvas de Laura con el más anguloso y triangular de Silvia, los cabellos cobrizos y vitales de Laura con los largos y negros de Silvia, los labios carnosos de Laura con los pequeños y rojos de Silvia, los dos cuerpos flexibles tendidos en arco sobre la mesa. Las manos se apartaron, y la comparación se rompió.

—Inscripciones —respondí—. Inscripciones en tumbas de miembros de las órdenes militares.

—Hoy han encontrado una especialmente interesante —le informó Andrés.

Me di cuenta enseguida de que la frase estaba cargada de doble sentido. Laura cambió con el cura una mirada intensa llena de contenidos.

—La del comendador Moncada —dijo—. La extraña tumba del comendador Moncada.

—No está en su sitio lógico —dijo Silvia—. Incluso dudo que se aprecie a otra hora del día, o en otra estación del año.

Laura se encogió de hombros.

—Puede ser —dijo—. En cualquier caso, no vais a

poder avanzar mucho más por ese camino. En ninguna de las publicaciones referentes a la iglesia se menciona siquiera la tumba.

—Hablas como si las conocieras todas.

Laura compuso una ancha sonrisa.

—Las conozco todas. Llevo dedicándome a esa iglesia y a otros dos edificios singulares de este pueblo desde antes de empezar la carrera.

—Eso hace más o menos un total de cien años —dijo el cura con sorna—. Ahí donde la veis, Laura ha cumplido ya ciento diecisiete.

Laura descargó una sonora palmada en la mano que el cura tenía extendida sobre la mesa.

—Déjame en paz, tonto. Andrés es incapaz de entender que una chica pase horas dedicada a su iglesia, aunque él es la prueba viviente de que hay gente que hace cosas más raras.

—Bueno —desvió el cura—, estabas hablando de publicaciones.

—Si conoces todo lo que se ha publicado a este respecto —intervine—, habrás encontrado estudios referentes a la construcción del templo desde el punto de vista arquitectónico.

—Sí, pero no se hace ninguna referencia esotérica, más allá de las habituales cuestiones sobre la forma octogonal y demás.

Silvia rio por lo bajo, secundada un instante después por Andrés. Yo traté de hacer caso omiso a las risas y a la mirada de Laura yendo de uno a otro de ellos.

—No estoy buscando ninguna referencia esotérica —dije pacientemente—, sino *cualquier* referencia histórica, cualquier dato acerca de Álvar de Moncada. Ya sé —me anticipé— que es un objeto de búsqueda separado del presunto rango que le atribuye la inscripción, que podemos encontrar datos acerca de él que no vengan unidos a su supuesta condición jerárquica, pero tendríamos que empezar por buscar los indicios directos antes de acudir a los indirectos. Por eso preguntaba.

Laura me escuchaba con rostro serio, con aire concentrado. Silvia miró el fondo de su taza de café con gesto mecánico, para ver si aún contenía un resto que de todos modos ya no podría beber, inexorablemente frío.

—Bueno..., no sé si lo considerarás indicio directo, pero sí tengo un indicio referente a tu comendador.

Me incorporé en la silla.

—¿Ah, sí? —pregunté.

—Sí —Laura se puso en pie—. Vamos a recoger todo esto y os lo enseñaré.

Andrés extendió unas manos protectoras sobre los platos y las tazas.

—Ve con ellos —dijo—. Yo recogeré.

—¿No quieres venir?

El cura negó con la cabeza.

—Ahora no. Tengo cosas que hacer. Está siendo una mañana muy agradable, pero poco productiva en términos de mi oficio.

—¿Aún te queda alguien por convertir en el pueblo? —se burló Laura.

—Conozco al menos a una historiadora del arte. Anda, ve. Ya sabes dónde están las llaves.

Laura se acercó a un aparador, abrió el cajón situado

más a la izquierda y sacó un manojo de llaves antiguas. Hizo un gesto para que la siguiéramos y salió a la calle.

Bajamos por la vieja escalera de piedra y emprendimos ruta hacia la iglesia seguidos por las miradas curiosas de los vecinos, bajo el sol que ya empezaba a ser intenso. Laura saludaba a derecha e izquierda con amplia sonrisa.

—¿Cómo viniste a parar aquí? —pregunté.

—*Soy* de aquí —dijo Laura. Cortó rápidamente mi gesto de disculpa—: No te preocupes. Yo sé bien lo que hay y lo que no en este pueblo. Y como podéis ver, sucumbo al valor de la novedad como todos los paletos.

—¿El padre Andrés lleva mucho en el pueblo? —preguntó Silvia.

—¡Por favor, el padre Andrés! —exclamó Laura—. Nadie le llama así aquí, ni siquiera las viejas. Dos años —dijo, con una voz de pronto vuelta neutra—. Poco más de dos años.

—No es la clase de cura que te esperas encontrar en un sitio pequeño —dijo Silvia.

—No es la clase de persona que te esperas encontrar en un cura —respondió Laura—. Vamos allá. Éste es el momento que más me gusta.

Llevaba las llaves colgando de la muñeca como una exótica pulsera, las empuñó con un gesto rápido y ruidoso y las clavó en la cerradura como si estuviera descabellando un toro. Rio entre dientes.

—Esto es lo que más les impresiona —dijo mientras hacía girar las llaves, con estrépito de viejo mecanismo de relojería—. Lo que más les inquieta. Una chica del pueblo entrando y saliendo de la iglesia con sus propias llaves, como si fuera la barragana del cura —sacó la llave y empujó la puerta con un seco empellón de la palma de la mano—. Adelante, señores.

Instintivamente, me volví. La placita que rodeaba la vieja iglesia daba cobijo en ese momento a seis o siete hombres y mujeres. Todos miraban hacia nosotros con rostro impenetrable.

El ya familiar interior del templo seguía despidiendo ese olor impreciso a humedad y a incienso de todos los templos, pero en esta ocasión conocía la mano que causaba aquel olor, y me costó trabajo imaginar al hombre todavía joven que nos había servido de anfitrión cortando cirios, cambiando la vela del sagrario en su cáscara de plástico rojo, añadiendo al pebetero la cucharadita de incienso precisa para mantener el ascua aromática encendida.

Laura avanzaba por un costado, seguida de Silvia, y fui detrás hasta una poterna en la pared que Laura abrió deprisa con otra de las llaves del manojo. Detrás había una escalera de caracol, por la que sus talones desaparecían ya cuando entré tras ellas.

La escalera llevaba a una estancia alargada y vacía, sobre la nave principal, y en la que no había más que un tablero instalado sobre dos borriquetas y en él unos cuantos papeles y útiles de dibujo, un viejo farol de *camping* y algunos libros, como pude ver cuando Laura encendió con rapidez el farol.

A su luz ruidosa y mortecina, apareció ante nuestros ojos un espectáculo increíble: desde el borde del suelo hasta cubrir la bóveda de cañón del techo, un sinfín de deteriorados frescos mostraba caballeros medievales en las más variadas actitudes: de rodillas delante de una fuente de agua, enristrando la lanza sobre sus caballos, ofreciendo presentes a un rey o una reina de indefinible aura. En algunos lugares, la pared presentaba un desconchón que volvía incógnito hacia quién extendía las manos ese hombre vestido con loriga y yelmo de visera, o qué estaba mirando esa dama de verde de hieráticos ademanes. En otros, los desvaídos colores envolvían a las figuras en lo que parecía una niebla del pasado.

—¡Es fabuloso! —se sobrecogió Silvia.

—¿Verdad que sí? —dijo Laura—. Llevo más de dos años viniendo aquí siempre que puedo, a trabajar en esto. Es lo que un pedante llamaría una Capilla Sixtina. Muy pequeña, muy estropeada, pero una auténtica belleza.

Me acerqué a la pared. No tardé en darme cuenta de que la mayoría de los caballeros mostrados en los frescos estaban identificados por la cruz del Temple sobre sus vestiduras, y me pregunté cuál sería el programa iconográfico que ocultarían aquellas pinturas.

Me volví hacia Laura y encontré sus ojos posados en mí, como si estuviera esperando mi pregunta.

—Tardé bastante tiempo en establecer la conexión —dijo—, pero finalmente he podido averiguar que los caballeros representados en los frescos son los enterrados en las tumbas de abajo. Ésta es la última memoria de sus vidas.

Sentí que se me erizaba el pelo en la nuca. Laura se acercó a una de las paredes y continuó:

—Por ejemplo, éste es el comendador Atienza, enterrado en la nave derecha, cerca del testero, del que las crónicas dicen que fue tentado por el rey de Aragón a abandonar la orden a cambio de un ducado.

La imagen mostraba a un caballero de rodillas frente a un rey, con las manos extendidas, las palmas levantadas en vertical, en primitiva pero reconocible actitud de rechazo.

Laura no nos hizo esperar y caminó a través de la estancia.

—La disposición de los frescos coincide con la de las tumbas, y los motivos que he podido identificar, con episodios de su existencia. Ahí está el vuestro.

Enseguida, Silvia y yo dirigimos la vista al extremo derecho de la nave.

En la pared había un caballero en pie al lado de otro, ambos armados con loriga, yelmo cónico que dejaba el rostro al descubierto y guanteletes en las manos. Ninguno de los dos llevaba la cruz del Temple. El rostro del caballero de la izquierda, el que según el programa iconográfico de las demás pinturas representaba al enterrado abajo, estaba dibujado con toda la precisión posible para la época: unos ojos almendrados enmarcados por un firme trazo negro, una boca recta rodeada de barba. El del otro estaba borroso, y de él solamente se podía apreciar un rostro lampiño.

—Estas figuras siempre me han interesado —dijo Laura—, porque desde el punto de vista pictórico contienen lo que parecen dos *pentimentos* del artista —señaló con el índice el rostro borroso del caballero de la derecha—. Esta cara, por una parte, fue pintada y luego emborronada, según revelan los rayos X. Pero ya no fue vuelta a pintar. Y es el único punto inacabado de todo el fresco.

Se desplazó al lado izquierdo de la pintura y señaló un sello redondo situado a los pies del caballero:

—A este lado, todos los templarios tienen pintado su escudo de armas, que es el que ha permitido identificarlos. En su lugar, nuestro amigo Moncada tenía, en la versión que se aprecia por rayos X, una cruz templaria. Pero la borraron. Lo que veis es lo que pintaron sobre ella.

Miramos el sello con atención. Neblinosas, no se sabía bien si medio borradas o a medio pintar, se podían distinguir unas llaves cruzadas.

—Las llaves de san Pedro —dijo Silvia.

—En efecto. Y es muy raro. El emblema papal aparece muy poco fuera de las representaciones episcopales; yo nunca lo he visto al lado de un caballero. Además, la forma de pintarlo también es muy curiosa. Si lo miras sin mucha atención —su dedo índice siguió la línea de las llaves—, parecería que el tiempo ha difuminado los contornos de las llaves, pero no es así: he traído a un experto que me ha confirmado que las pintaron originariamente así, tenues, casi invisibles, oscuras.

—Como si fuera una sombra —dijo Silvia.

Yo volví la mirada, y me encontré los ojos almendrados y claros de aquel ser de otro tiempo fijos en mí.

IV

El crepitar de la hoguera añadía sonidos a la noche poblada de ellos, y sus llamas batidas por la brisa nocturna infundían una luz brillante y viva a unas tinieblas densas e impenetrables.

Inclinado sobre ellas, enrojecido por su resplandor, el rostro del caballero adquiría un tinte demoníaco que su veste blanca sólo contribuía a incrementar: un fantasma emanando un brillo espectral con una cara roja en la que ardían unos ojos febriles. Unos ojos entornados, fijos en una tarea metódica y cuidadosa que sus manos recias y encallecidas iban ejecutando con método. En la izquierda sostenía una carta sellada con un lacre. En la derecha, un fino estilete que mojaba en el agua de una bota, apoyada en su silla de montar. Sacudía la hoja para dejarla apenas humedecida, y con ella rodeaba pacientemente los bordes del lacre, desprendiendo poco a poco el papel.

No tenía prisa. La tarea debía ser minuciosa, para asegurar que el inevitable deterioro pudiera disimularse más tarde por el procedimiento contrario, calentando la hoja del estilete y con ella los bordes del lacre para expandirlo sobre el papel manipulado y tapar sus huellas. Siguió repitiendo sus movimientos, una y otra vez, quitando con los dedos en cada ocasión la humedad sobrante, hasta que el sello cogido a su cinta se desprendió con un seco chasquido.

El caballero guardó el estilete y desplegó la carta. Su contenido, que no le sorprendió, arrancó una sonrisa de desdén a sus labios:

«El dador de la presente ha de ser tratado con el respeto debido a su rango y con la desconfianza que sus preguntas merecen».

Firmaba el abad de Arlanza. Álvar de Moncada dobló la carta, y sin titubear la tiró al fuego. Cogió la destinada a doña Jimena y la tiró también, sin molestarse en intentar abrirla. Apenas había caído sobre las llamas dudó si rescatarla, por si contenía alguna información más, pero lo descartó: el abad de Arlanza no era hombre para poner cosas importantes por escrito. De nada servían las cartas de presentación de un enemigo. Tal como él mismo había dicho, Roma estaba lejos, y no era grande el temor a su brazo.

Observó unos instantes las llamaradas causadas por el papel, acompañó con la vista las pavesas al alzarse en la nube de aire caliente de la hoguera. Estaba solo, como siempre. Llegaría a Cardeña al día siguiente, y no podría visitar al prior como un amigo, sino como un desconocido caballero que ni siquiera podía comunicar en busca de qué iba. Eso, en el mejor de los casos, suponiendo que el viejo zorro de Arlanza no hubiera enviado otro mensaje reventando caballos, mientras le creía dormido en la celda que le habían asignado, antes de que su incomodidad se volviera tal que prefiriese irse.

Se encogió de hombros, bebió un trago de agua y se dispuso a descansar un poco hasta el alba. Se tendió apoyando la cabeza en la silla, envuelto en el manto, y cerró los ojos, escuchando el rítmico crepitar del fuego y los arrulladores ruidos de las rapaces nocturnas.

Le trajeron recuerdos de un pasado lejano: juegos de adolescentes al atardecer, en las primeras sombras, en unas montañas no muy distintas de aquéllas, explorando cuevas olvidadas y aprendiendo a controlar el impulso de huir cuando las bandadas de murciélagos alzaban el vuelo. La primera y temprana inclinación por el secreto. La presencia de algo inexplicable en los encendidos ojos de un gato en la noche. El misterio de aquella criatura deliciosa a la que en el pueblo llamaban *la embrujada*...

Abrió los ojos. El cielo parecía enjaulado por un mar de estrellas, tenues hilos uniéndolas entre sí, comunicándose unas a otras su luz, su vida, y quién sabe qué ocultas informaciones sobre las miles de vidas encerradas bajo su red. En algún punto entre aquellas estrellas estaba la concreta luz que buscaba. Pensando en ella, se quedó plácidamente dormido.

Antes aún que el amanecer, le despertó el ruido inconfundible de gentes acercándose. Con instintiva prevención, se incorporó levemente y echó mano a la espada. Parpadeó varias veces. Estaba despejado, pero todavía tenía la visión borrosa y desenfocada. Recorrió el horizonte de derecha a izquierda en la dirección de la que venía el ruido, y al fin los vio.

Eran dos monturas, una de ellas sin jinete. Cuando se acercaron más, Álvar pudo distinguir que se trataba de un hombre a pie que llevaba de las riendas a su caballo y otro corcel montado por una mujer. Su propio caballo piafó alegremente, y los recién llegados les respondieron con resoplidos. El Comendador de las Sombras se puso en pie.

El hombre era alto y joven, de rostro casi lampiño salvo por una escueta barba, muy corta, que rodeaba su boca dejando al descubierto sus mejillas y cuello. Vestía ropas de viaje, pero ceñía espada. La montura que llevaba de las riendas era un recio caballo de batalla. Un joven caballero, pues.

La mujer no podía llevarse muchos años con él, aunque no era fácil de precisar. Era de estatura media, de facciones delicadas y regulares, enmarcadas por una breve cofia atada con un largo pañuelo. Aunque un amplio manto la cubría, a ella y la silla de su caballo, ocultando su cuerpo por entero, a Álvar no se le escapó que montaba a horcajadas. Y su cabalgadura no era ni un mulo, ni un percherón, sino un caballo de monta, grande y rápido.

El joven caballero se llevó la mano al pecho en gesto de saludo, y sonrió débilmente. Cuando habló, su voz era sonora y comedida:

—La paz de Dios, caballero.

—Con vos —respondió Álvar.

—¿Me haréis la merced de permitir que descansemos junto a vuestra hoguera? Cabalgamos desde hace algunas horas, y mi hermana está transida de frío.

A quién se le ocurre viajar de noche, pensó Álvar,

pero se reservó sus pensamientos. Se agachó hacia el ramaje que había preparado la tarde anterior para alimentar la hoguera durante la noche y arrojó unas pocas ramas a las ascuas ya casi extinguidas. Enseguida el fuego se reavivó.

—Sed bienvenidos —dijo—. Es poco el calor que puedo ya ofreceros, pero…

—Aun así será bueno —dijo el joven. Se volvió hacia su hermana e hizo el ademán de ayudarla a descabalgar, aunque Álvar vio con claridad que ella no necesitaba tal ayuda, sino que saltaba de la silla con la agilidad y sencillez de un muchacho—. Las noches son frescas incluso en esta época del año.

—Tanto más calurosos son los días —dijo Álvar, que tenía intención de emprender la marcha poco después, y no pensaba verse retenido por los visitantes.

No obstante, cuando ambos se sentaron junto al fuego y la muchacha extendió hacia él unas manos largas y cuidadas, se sentó a su vez en aras de la cortesía.

—¿Adónde os encamináis? —preguntó por decir algo.

—A Burgos —respondió el joven—. Pienso entrar allí al servicio del conde de los Tremedales.

El conde de los Tremedales. Álvar torció el gesto mentalmente. Había oído hablar de ese individuo, al que se daba el sobrenombre de Martín el Temible, y no por su valor temerario en combate, sino por la saña de sus victorias.

—¿Sois feudatario suyo?

El joven asintió.

—Sí. El solar de mi familia está en sus tierras. Pero antes he de llevar a mi hermana a un convento de Burgos, donde se le dará instrucción.

El muchacho era un prodigio de imprudencia. Contestaba a cada pregunta con una ampliación innecesaria, dando la información que no se le había pedido, queriendo contarlo todo de sí mismo.

—¿Y vos, señor?

La voz de la muchacha le sobresaltó. Reparó en que era la primera vez que la oía. Los ojos de Álvar se cruzaron con los suyos. Ojos inteligentes, mirada despierta. El hecho mismo de que invirtiera el rumbo de las preguntas lo demostraba.

—Me dirijo a San Pedro de Cardeña —dijo pausadamente Álvar.

—¿A visitar a Mío Cid? —saltó el joven, de nuevo alborotado. Se volvió a su hermana con rapidez—. Mariana, podríamos... San Pedro no está lejos de nuestro camino. Había pensado hacer esa visita en cuanto pudiera, pero ¿a qué esperar? ¿A vos no os importará que os acompañemos?

Álvar no movió un músculo del rostro, pero en su interior sintió cómo se sulfuraba. Había intuido desde un primer momento que tenía que deshacerse de esas dos criaturas antes de que se convirtieran en sus propios dientes y no pudiera desprenderse de ellos. Empezaba a ser tarde. Sintió el impulso de incorporarse, decir escuetamente que no y marcharse.

Pero no lo hizo. En vez de eso, bajo la mirada inquisitiva de la muchacha de ojos penetrantes, reflexionó. No tenía las cartas de presentación que esperaba. No podía presentarse sin más y querer ser bien recibido cuando no lo había sido en Arlanza. Tal vez el disfraz de peregrino a la tumba del héroe le conviniera. Tal vez la compañía fuese finalmente un manto más grueso que el nombre de Roma.

—Al contrario —respondió—. Me alegrará que me acompañéis.

Hicieron el último trecho del camino cabalgando al paso, envueltos en la cháchara inagotable del muchacho, que parecía encontrar un especial placer en protagonizar su propio relato.

Álvar supo que se llamaba Fernán de Arriaga, que procedía de una aldea llamada Salitre, lo que ya le había contado sobre su vasallaje respecto al conde de los Tremedales y la futura educación de Mariana, e incluso que su hermana llevaba una cajita de marfil conteniendo el recuerdo más preciado de su madre: un trozo de manto, supuesta reliquia de un santo peregrino a Santiago. El resto era un delirio de opiniones, entusiasmos y sinrazones acompañados del persistente silencio tanto de la muchacha como de Álvar, quien tan sólo creyó adecuado sumarse en alguna que otra ocasión al enardecimiento ante la inminente visita... por lo que el chico pudiera contar a otros.

Llegaron a la explanada de San Pedro cuando amenazaba con brotar el calor. Como lugar de peregrinación en el que se había convertido, y para sorpresa de Álvar, Cardeña abría sus puertas sin rechistar a todo el que a ellas llegaba. A la entrada del templo, unos mozos se aprestaron a hacerse cargo de sus monturas.

Entraron en la iglesia, tensos. La piedra maciza de

las paredes de la nave principal, de la bóveda baja y acogedora, emanaba un frescor reconfortante. Doblaron la rodilla y se persignaron.

Desde la misma entrada vieron ya el resplandor de las mil velas del presbiterio, y Álvar de Moncada tragó saliva, porque sabía lo que significaban. Avanzó por el centro de la iglesia, entre los peregrinos arrodillados, y a la derecha del altar mayor distinguió el tabernáculo revestido de oro y azul, adornado con las armas de Castilla y León, de Aragón y Navarra y del Cid Campeador.

En él, sobre un escaño de madera labrada, se sentaba el cadáver embalsamado de Rodrigo Díaz, con la mano izquierda apoyada en el pomo de su espada, mientras la derecha sostenía los cordones del manto que cubría sus espaldas. Rígido, tenso, parecía esperar el homenaje que se le rendía y mirar hacia un horizonte más allá del alcance de los mortales.

A los pies del guerrero se amontonaban flores y exvotos, culto a un santo laico que, según supo después, los monjes toleraban pacientemente en memoria de quien había sido su benefactor y en consideración a la presencia de su viuda. Todas las tardes, un hermano lego recogía una parte de ellos y los trasladaba a un remoto almacén en los sótanos, simplemente para hacer sitio a más.

Ante el primer peldaño del presbiterio, Fernán de Arriaga dobló una rodilla y su hermana Mariana las dos, y mientras devanaban una oración en memoria del héroe, Álvar contempló las manos secas de éste, de las que había huido el color para dar paso a una gris tiesura, y enfrentó la mirada de los ojos cerrados.

Se preguntó en silencio si aquel hombre errante que había perseguido el descanso y la gloria durante toda una vida estaría percibiendo su presencia importuna, si estaría turbando su reposo. «Dejad descansar en paz a los muertos», había dicho el abad de Arlanza, y él le había contestado que sólo la verdad daba el descanso.

No encontró la respuesta en los ojos cubiertos para siempre por los hundidos párpados, perdidos en el sueño del horizonte eterno, pero, como tantas veces en los últimos años, Álvar se preguntó a quién servía la verdad y a quién daba descanso.

Ante aquellos dos jóvenes conmovidos, sumidos en profunda oración, la idea misma de la verdad cobraba unos contornos difusos e inanes. La misión que le había traído hasta allí pretendía revolver en los restos de aquel monumento funerario, examinar sus circunstancias, analizar sus últimos pasos y los de sus más próximos. Su resultado traería tal vez conocimiento a él y a quienes le habían enviado, y tal vez, sólo tal vez, ese conocimiento se haría público y contribuiría a envolver al héroe en un halo de santidad que de todas formas ya tenía; o a destruir ese halo.

Y Álvar de Moncada sintió rebelión ante su propia tarea. Sintió la duda, que tantas veces le asaltaba, y el peso enorme del manto oscuro de la soledad. Cerró los ojos, los apretó con fuerza. Cuando los abrió, los jóvenes Arriaga estaban en pie, mirándolo.

Comprendió que era su turno. Se adelantó un paso y, siguiendo un impulso primario, desenvainó la espada. Uno de los monjes que rodeaban la capilla dio un paso hacia él, pero una intuición le hizo detenerse. Álvar hincó la rodilla izquierda en tierra, agachó la cabeza, y sobre las palmas de sus manos tendidas presentó la espada a la efigie del héroe, como si se estuviera rindiendo ante él.

Tan sólo él sabía que en realidad le estaba pidiendo perdón.

V

El restaurante del pueblo resultó una sorpresa desde todos los puntos de vista. Estaba situado en la parte alta, en una casa de adobe de dos plantas y apariencia ruinosa, reforzada por dentro con toda clase de tirantes de hierro pintados de óxido y llenos de remaches, que le daban la apariencia de una especie de submarino.

El contraste entre un exterior atávico y un interior sacado de la época de las grandes estaciones de tren y la Torre Eiffel hacía juego con una carta llena de recomendaciones, en la que los productos de la tierra se servían de manera sabrosa y original.

La composición de la mesa no lo era menos. El padre Ortega —quiero decir, Andrés— se había sumado a la alegre invitación formulada por Laura, y parecíamos dos parejas felices entregadas a un mundo de risas.

Por alguna razón que no alcanzaba a concretar, yo disfrutaba viendo que Laura y Silvia se entendían bien, y asumía mi papel de suscitador de risas esforzando el ingenio hasta límites de los que yo mismo no me hubiera creído capaz.

El cura comía despacio, con la semisonrisa semiperpetua que llevaba puesta desde que nos habíamos conocido. Intervenía en general para rechazar algún sarcasmo de los muchos que Laura le dirigía afectuosamente, complementaba con elegancia mis chistes, recomendaba este o aquel plato o vino. Lo pasamos bien.

—¿Te das cuenta, Andrés? —dijo Laura en el intervalo entre el segundo plato y el postre—. Los historiadores somos gente simpática. Incluso los que vienen a revolver tumbas —me señaló con la palma de la mano— saben tener gracia.

Yo fui a defenderme, pero Silvia me lo impidió:

—Nosotros sólo pisoteamos tumbas. Revolver tumbas debe de ser otra cosa —se quedó pensativa de pronto; luego se volvió hacia mí—: ¿Te acuerdas de aquel sarcófago roto, en aquel pueblo de Portugal?

Asentí sin decir nada, dando vueltas a mi copa entre los dedos.

—Aquel día pensé que iba a ser capaz de hacer eso que llamas revolver tumbas —Silvia concentraba la mirada en algún lugar entre el cura y yo—. La tapa del sarcófago estaba rota por la juntura, le faltaba un fragmento triangular, y parecía invitar a asomar la nariz, o meter la mano.

Tendió la mano abierta sobre la mesa, temblorosa, como si se resistiera aún al gesto de entrar por aquel hueco. Me incomodó el sesgo macabro que estaba tomando la conversación:

—Habría sido muy feo que lo hicieras —dije por decir algo.

—¿Por qué?

Laura me miraba con genuino interés. Sus ojos muy abiertos me taladraban contra el respaldo de la silla. Me encogí de hombros:

—A eso lo llaman profanación de tumbas, ¿no?

—¿A partir de qué antigüedad? Todo el mundo considera natural reventar una tumba egipcia, hasta sacar la momia y llevársela puesta. ¿Por qué una tumba medieval no?

No supe qué decir. Lo que Laura planteaba era cierto. Removemos yacimientos arqueológicos, retiramos los huesos encogidos de la delicada pierna de un niño para medir su edad. Cosas que nunca haríamos en una iglesia las hacemos impávidos en la sepultura de un patricio romano.

—Yo tampoco lo haría en una tumba egipcia —reflexioné.

La mirada de Laura se intensificó, y observé que Andrés la estaba mirando a ella con una intensidad en nada inferior.

—¿Ni siquiera por obtener los datos que codicias?

—No lo sé —admití—. Todo debería tener límites.

El ceño de Laura se frunció de golpe, como si hubiera sentido en algún sitio una punzada súbita.

—Los límites amargan la vida de las personas —sentenció.

Sobrevino un silencio extrañado. Silvia y yo no sabíamos qué decir, ni por qué de repente lo que era una alegre reunión se había convertido en algo tan trascendente. Fue Andrés el que rompió el instante de hielo:

—Bueno, ¿y qué plan tenéis ahora?

La pregunta me pilló desprevenido.

—¿Plan?

El cura lanzó una breve risa.

—Cuando os conocí esta mañana estabais muy ocupados copiando inscripciones. Supongo que no pensaréis iros sin haber terminado.

—No, claro que no —dijo Silvia.

Yo me quedé un momento pensativo, indeciso. Finalmente, me decidí a hablar:

—Lo que Laura nos ha enseñado arriba abre muchas incógnitas… —arriesgué.

—Continúa —dijo Andrés.

Respiré hondo.

—La verdad… —titubeé—, no me gustaría irme sin haber averiguado algo más. Si tenemos tu permiso para seguir investigando.

—Claro que tenéis mi permiso.

—Y mi ayuda —se apresuró a añadir Laura—. Pero tendréis que resolver algunas cuestiones logísticas. ¿Habéis venido con el equipaje?

—No —empezó Silvia—. Estamos en un hotel en…

—Entonces tenéis que ir a por él —la interrumpió alegremente Laura—. Vais a alojaros en mi casa.

Por alguna razón imprecisa se me hizo un agujero en la boca del estómago.

—Eso es muy amable de tu parte —dije—, pero no quisiéramos…

Ella sacudió impaciente las manos.

—Nada de no quisiéramos, nada de molestias, nada de tonterías. Vivo en una casa muy grande y muy antigua, llena de cosas interesantes. Os gustará casi más que la iglesia.

—Pero, Laura, tal vez esto nos lleve varios días... —trató de objetar Silvia.

—Seguro que os llevará más que varios días —sonrió de oreja a oreja—. Qué bien. ¿Vamos a darnos un baño?

—¿Qué?

—El río desemboca en su curso bajo en un lago precioso, a diez minutos andando desde aquí. Me encanta ir a bañarme allí.

—Es que no tenemos...

—Yo tengo biquinis de sobra —miró a Silvia como si fuera a tomarle medidas—. Puede que te queden un poco grandes, pero da igual, apretaremos las cintas. Y probablemente Andrés tiene algún bañador que prestarle a Javier, ¿verdad, Andrés?

—Alguno habrá —asintió Andrés.

—Entonces vamos. Nos vemos en el lago dentro de media hora.

Acompañé al cura una vez más a la casa parroquial, y guardé silencio mientras él revolvía en un armario. Sacó un discreto bañador azul marino, que me tendió con el mismo gesto amablemente inmóvil que había mantenido durante toda la comida. Traté de hacerle hablar:

—Una chica especial, Laura.

El cura asintió:

—Es posible que ése sea el adjetivo más adecuado para describirla.

—¿Vive sola? —indagué.

Ortega asintió con la cabeza.

—Sí. Su familia dejó el pueblo para irse a la capital hace muchísimo tiempo. Ella decidió volver, y fue la única.

—No sé cómo no se muere de aburrimiento aquí.

El cura me dedicó una fugaz mirada que, por primera vez, no pareció en absoluto indiferente.

—Le entusiasma su trabajo —dijo.

—A su edad no se puede trabajar todo el día —objeté—. ¿Qué clase de diversiones le interesan?

—¿Por qué no se lo preguntas a ella?

La cortante respuesta me dejó sin nada mejor que oponer. De repente, me vi un poco ridículo allí plantado, con el bañador azul en la mano. Me di cuenta de que no me había cambiado mientras hablábamos.

—Puedes pasar a cambiarte al baño —me indicó, como si adivinara mis pensamientos.

Cuando salí, me llamó la atención que él estuviera sentado a la mesa, escribiendo en una especie de libro mayor.

—¿No vienes con nosotros?

Negó con la cabeza.

—No. Ya nos veremos luego —se levantó y fue hacia la ventana—: Para encontrar el lago no tienes más que seguir la orilla del río. Está muy cerca. Seguro que llegas antes que ellas.

Llegué antes que ellas, y durante unos minutos estuve mirando sin ver el lago de aguas claras en el que el río se ensanchaba al dejar de caer en pendiente y remansarse en una especie de valle. Unos montes cubiertos de pinos lo flanqueaban, y a la salida del circo montañoso se adivinaba el cauce rumbo a no se sabía dónde.

Me pareció un lugar maravilloso, pero eso no ocupó mis pensamientos más de treinta segundos. El resto fue una confusión de imágenes en la que aparecían los frescos de la bóveda, las risas y brindis de la comida, la escondida tumba de Álvar de Moncada y los rostros de Silvia y Laura.

Entonces oí de nuevo las risas a mi espalda, y me volví.

Las chicas descendían por el mismo sendero por el que yo había venido, ataviadas con sendos biquinis de flores. Me esforcé, sin éxito, en no fijarme en el resultado del comentario de Laura sobre las tallas. Silvia lo notó, y sus ojos se fijaron en los míos antes de desviarse a toda prisa con lo que creí un leve rubor en el rostro.

—¿Dónde está Andrés?

Laura miraba a todas partes con el ceño fruncido, como si esperase que el cura estuviera escondido detrás de algún árbol.

—Ha preferido no venir —dije.

Fue evidente que aquello le molestaba. Apretó los labios, sin dejar de fruncir el ceño.

—Está bien —dijo tirando al suelo la bolsa con las toallas, y la sonrisa retornó de pronto, luminosa, a su cara—. ¡Al agua!

Apenas me dio tiempo a verla volverse de espaldas a mí, tomar impulso y arrojarse de cabeza al lago.

Podía haber por lo menos dos metros hasta el agua. Yo sabía que Silvia no iba a tirarse. Dudé entre seguir a Laura o ayudarla a ella a bajar a la orilla. Debí de poner una cara idiota, porque Silvia resolvió el asunto de manera drástica: me empujó.

Aterricé en el agua helada a tiempo de ver a Laura emerger como una sirena mientras me hundía. Sentí el placer intenso de la flotación, la pérdida de peso en el líquido frío pero acariciante, di dos fuertes brazadas y salí al exterior.

Silvia ya se había sumergido también. De hecho, las dos nadaban hacia mí. Me presté al juego y escapé a crol mientras ellas nadaban tan rápido como podían, antes de meterme debajo del agua en el centro del lago. Vi sus cuerpos pasar sobre mí, y salí a la superficie en medio de ambas.

Gritaron. Puse las manos sobre sus cabezas y las hundí. Sentí que se agarraban a mis piernas, rodamos bajo el agua hasta el límite de los pulmones.

Regresamos a la orilla, más agotados por el esfuerzo del juego que por el de la natación, jadeando entre golpe de risa y golpe de tos. Me dejé caer en la playa de diminutos guijarros.

Silvia y Laura se tumbaron al sol, y durante unos minutos no dijimos nada. Yo estaba sentado con las piernas encogidas, los antebrazos apoyados en las rodillas, las manos entrelazadas, y miraba las aguas tranquilas que se recuperaban de nuestro alboroto.

Me volví. Tumbada boca abajo, Laura tenía el rostro apoyado en la palma de la mano, apuntalado el codo sobre la grava, y miraba hacia el pueblo, cuyos tejados se vislumbraban por entre los árboles. Traslucía una intensidad de pensamiento que no me atreví a estorbar. De pronto me sonrió:

—¿Cuánto tiempo lleváis juntos?

Silvia también estaba boca abajo, pero con la cara apoyada en el suelo y los ojos cerrados. Enseguida, se dio la vuelta y se apoyó sobre los codos:

—Diez meses —respondió.

Laura hizo un mohín con la nariz.

—No es mucho —comentó.

—¿Por qué? —respondió Silvia.

—Por nada en particular. Es que parecéis muy compenetrados.

—Lo estamos.

Yo volví a mirar el espejo del lago, en el que se veían los montes cercanos, con un color idéntico al de su original, pero como visto a través del cristal de unas gafas de sol. Sentí una vehemente necesidad de cambiar de tema:

—¿Cuánto tiempo dijiste que llevas investigando esa capilla?

La sonrisa de Laura se ensanchó aún más. Su capacidad de sonreír parecía infinita.

—Vaya comparación —dijo—. Si ahora digo diez meses parecerá que a falta de pareja me dedico a eso.

No pude evitar sonrojarme, y cuando me irrité conmigo mismo sentí aún más calor en las orejas. Murmuré un desmentido apresurado:

—No quería decir semejante cosa, sólo preguntaba...

—Dos años —me interrumpió—. Volví aquí hace dos años, y decidí quedarme.

—¿Dónde vivías antes? —preguntó Silvia.

—En Barcelona —desvió la vista, tal como yo había hecho antes, y esta vez fue ella la que cambió de tema—: No se me olvida el día en que abrí la poterna. Debía de llevar cien años atrancada. Conseguimos abrirla a fuerza de tirón y, cuando cedió, más de un kilo de polvo se desprendió del arco. Pensé por un momento que se nos venía la iglesia encima.

—¿Tuvisteis que forzar la cerradura?

Negó vigorosamente con la cabeza:

—No. Encontramos las llaves. Estaban en un cajón de la sacristía, en una cómoda gigantesca —volvió a echarse a reír— que también nos costó un triunfo abrir.

Hablaba en plural, y los imaginé al cura y a ella peleando con los tiradores de la cómoda, tratando de ajustar sus respectivas energías para no encajar aún más los desvencijados maderos con un esfuerzo desequilibrado. No sé por qué, pero la escena tenía en mi mente ruido de risas, como si estuvieran disfrutando mucho. Pensé que yo habría disfrutado mucho.

—¿Qué más cosas había en los cajones?

—Telarañas —había encogido las piernas, y apoyaba los brazos y la cabeza en las rodillas con aire soñador—. Vestimentas sacras apolilladas, cirios torcidos por el calor de algún verano especialmente seco, algunos cartapacios, Biblias.

—¿Qué contenían los cartapacios? —pregunté enseguida.

Laura se echó a reír:

—La llamada de los papelajos, ¿eh? —se burló—. Contenían un poco de todo. No hemos tenido tiempo de revisarlos papel por papel, pero creo que hay más viejos sermones que vestigios históricos.

Hizo una pausa mientras hundía los dedos en la melena, que empezaba a secarse y recobrar su volumen normal.

—Cuando subimos aquella escalera y vimos las pinturas, creí que me daba algo. Fue como entrar en una tumba egipcia. Después de unos segundos de silencio, empecé a dar saltos por la capilla entre nubes de polvo, me abracé a Andrés, era como una fiesta.

Imaginé la escena. Me detuve en ella. Me trasladé a ella. La voz de Silvia me devolvió a la orilla del lago:

—Tendríamos que ir a por las cosas —me dijo, y vi que se abrazaba los hombros—. Hace frío, además.

Me levanté de un salto.

—Claro. Voy a por las llaves del coche.

Laura también se puso en pie. Miró por un momento las aguas del lago, seria, con las piernas afianzadas en el suelo y el cuerpo erguido y desafiante. Luego volvió la vista en dirección al pueblo y señaló con el brazo extendido:

—Mi casa está en la parte alta, a la salida del pueblo. No tiene pérdida. Mejor te esperamos las dos allí.

VI

Los monjes le habían dado alojamiento en una de las celdas de transeúntes. Deliberadamente, había evitado pedir ver al prior el primer día. Había retardado lo que era inevitable, porque los movimientos que tenía que hacer no podrían pasar inadvertidos, pero se había dejado un espacio para que al menos sus primeros pasos no fueran públicos.

Luego había salido a caminar por los alrededores. Necesitaba reflexionar.

La pequeña ciudad que todo monasterio congregaba a su alrededor —campos, vides, pequeños talleres que abastecían a los habitantes del recinto amurallado y sus extramuros— bullía de vida en aquellos años de peregrinación. El macabro guardián del presbiterio atraía a muchos, muchos más de los que había atraído en vida, y los monjes sacaban el debido partido de aquella última victoria del desterrado.

Le venía bien que así fuera. Era fácil moverse entre la muchedumbre. Más de lo que lo hubiera sido hacerlo en un lugar silencioso y solitario.

Se detuvo delante de una herrería. En la fragua,

unos largos aceros se calentaban esperando su turno, mientras el herrero golpeaba en el yunque una pesada hoja que empezaba a tomar las formas de una espada. Moncada clavó la vista en el pequeño infierno amarillo y rojo que ardía sin cesar, perlando de sudor los poderosos brazos del artesano, su cabello empapado. Todos los infiernos arden así, se dijo sin razón. Parpadeó.

El sonido cadencioso que acompañaba al crepitar del fuego había cesado, y apartó la mirada de las ascuas. El herrero había dejado de golpear el metal, y le miraba. Sus labios se movieron, y a través del zumbido que los martillazos habían dejado en sus oídos, le llegó su voz:

—¿Deseáis hacerme algún encargo, caballero? ¿Herrar vuestra montura, reparar tal vez vuestra espada?

Moncada comprendió que no era algo usual que un caballero se quedara mirando cómo trabajaba un artesano. Negó ligeramente con la cabeza:

—Haceros tan sólo una pregunta —dijo de pronto.

—Vos diréis, señor.

—¿Sabéis dónde puedo encontrar al soldado al que llaman Muño Gustioz?

El herrero asintió al instante.

—Claro que sí, señor. Todos aquí conocemos al criado del Cid —el brazo musculoso se extendió en dirección a los extensos huertos que rodeaban el monasterio—. Dirige los trabajos de los huertos.

—¿Es que se ha convertido en una especie de capataz?

El fornido artesano se encogió de hombros.

—Administra las tierras de la señora —dijo—. No sé cómo querréis llamar a eso.

Moncada cabeceó, en muda señal de asentimiento.

—Gracias, amigo —dijo.

El herrero asintió a su vez y no dijo nada más. El brazo se tensó como una máquina poderosa, el martillo se alzó, y su canción de hierro volvió a inundar el espacio.

Moncada caminó hacia los huertos. Le rondaba las mientes una molesta mosca, un pensamiento extraviado que no lograba determinar, fijar, aprehender. La apartó de su mente como si de verdad fuera un insecto.

Los huertos del convento se extendían a lo largo de cientos de metros, en decenas de hileras de plantas en distinto estado de crecimiento, entre las que se afanaban campesinos doblados por el hábito y el trabajo, de brazos no menos recios aunque no tan gruesos como los del herrero. Servidores del sol, esclavos del cansancio de la noche.

Los experimentados ojos del caballero buscaron por entre los surcos a aquel que sería fácil de distinguir como quien mandaba a los campesinos, por la simple razón de que no estaría inclinado sobre los terrones, sino de pie entre ellos. Divisó a un hombre de mediana edad que, con los brazos en jarras, parecía supervisar el trabajo ajeno. Su cuerpo rechoncho tenía una estampa de buey cansino, un torso de bruto en el que Moncada no creyó reconocer el porte del guerrero.

—¿Sois vos Muño Gustioz?

El buey volvió hacia el hombre sus ojos de buey, y el caballero se puso alerta: la mirada que estaba escrutándolo no era de buey, sino de toro.

—¿Quién pregunta?

—Un caballero venido de lejos —respondió precavido Moncada.

—Lejos... —el hombre de los brazos en jarras no cambió de postura, tan sólo su mirada pareció pensativa—. Córdoba está lejos. Barcelona está lejos. Fijaos qué diferencia. Venir de lejos es como no venir de ninguna parte.

—También hablar con un desconocido es como no hablar con nadie —contestó Moncada con tranquilidad.

—Sois vos quien quiere hablar con alguien, no yo.

Moncada cruzó los brazos delante del pecho. Se le ocurrió que iba a necesitar una larga paciencia.

—Yo soy un caballero aragonés —dijo al fin—, pero el que me envía reside en Roma, y tiene autoridad para enviarme. Y ni él ni yo estamos acostumbrados a perder el tiempo jugando con las palabras.

El hombre rechoncho respiró hondo.

—Soy Muño Gustioz —admitió.

—Y yo, Álvar de Moncada —se inclinó brevemente ante su interlocutor y tendió la mano—. Aceptad el saludo fraterno de quien os respeta por vuestros hechos de armas.

Gustioz titubeó, pero tendió a su vez la mano, y los dos hombres se aferraron mutuamente por encima de la muñeca y unieron sus antebrazos en una muda comunidad. Sólo en ese momento Gustioz pareció apesadumbrado.

—Venís a hablar del Campeador, ¿verdad?

Moncada asintió en silencio.

—Ya sabréis que ése es vuestro destino —dijo luego.

Gustioz bajó la cabeza.

—Sí, lo sé —dijo—. Lo he sabido desde el primer día en que cabalgué junto a su caballo. Pero a veces es un destino cansado.

—Y a veces, un destino necesario.

—¿De qué queréis hablar?

Moncada apartó la vista, la dejó vagar durante unos segundos por los campos repletos de hortalizas. Sin mirar a Gustioz, contestó:

—De muchas cosas. Del primer día que siguió a la muerte del Campeador. De la señora Jimena. De Minaya.

Sin acudir a disimulo alguno, Gustioz lanzó un bufido.

—Mal empezamos —dijo—. Queréis que hablemos del día más triste, nada os diré de la señora y nada sé de Minaya. ¿Insistís en hablar?

—Insisto. La tristeza no puede ser un freno al deber.

Gustioz hizo una mueca.

—Cuenta el romance —empezó Moncada— que Mío Cid ganó su última batalla después de muerto.

El administrador mantuvo su silencio.

—Vos estabais allí —insistió Moncada—. ¿Qué sucedió?

—Sólo sé lo que vi.

—¿Y no podéis contármelo?

Gustioz enfrentó la mirada del caballero. Cuando habló, sus palabras salieron como trallazos, secas y breves, disgustadas e impacientes:

—Vi salir a caballo al Campeador, con Minaya a su lado. Los vi a los dos salir a escape hacia los moros. Y, como era mi deber de vasallo, cabalgué en pos de ellos.

De pronto la mirada de Gustioz se volvió soñadora, los brazos perdieron parte de su tensión, y la voz ganó en vibración y en suavidad:

—Iban a todo galope, y los que allí estábamos pensamos que los iban a destrozar si se metían solos entre el enemigo. Era una locura. Igual que era locura seguirles. Pero les seguimos. Y entonces pasó.

—¿Qué pasó?

Gustioz frunció el ceño como si le doliera lo que estaba diciendo, como si la memoria fuera una prensa de la que saliera con mucho trabajo el denso aceite de los recuerdos. La voz que había sido vibrante se volvió profunda, y fue capaz de que los cascos de los caballos casi retumbaran en los oídos de Moncada, de que las espadas centellearan al sol ante sus ojos:

—El enemigo era una marea, a pocos metros de las murallas. Estaban aprestándose a un asalto porque les habían llegado las nuevas de la muerte del Cid, y formaban en orden de batalla cuando nuestros guerreros, el muerto y el vivo, volaron hacia ellos. Aunque fuimos detrás, eran bien visibles a cien pasos delante de nosotros, solos, locos, ardientes como furias infernales.

«Si el enemigo era una marea, sus vestiduras blancas hacían a nuestros ojos que las primeras filas parecieran la espuma de las olas, y se movían burbujeando, y la escollera contra la que iban a romper éramos nosotros, que nos veíamos ya bajo el mar y pasto de los dientes de sus alfanjes.

«Y entonces la marea retrocedió. Retrocedió como el mar retrocede a la hora que tiene fijada para hacerlo. Retrocedió en su mismo centro, hacia el que Minaya y Mío Cid corrían igual que una flecha que ha salido de un arco, mientras nuestros caballos acortaban distancias y nos acercaban a nuestros dos dementes. Retrocedió igual que si Minaya y Mío Cid fueran empujando delante de ellos una enorme barrera invisible, una tranca que fuera derribándolo todo, una guadaña.

Gustioz hizo una pausa. Sus labios temblaban.

—Parecían la Muerte —dijo.

Moncada se esforzó por no decir nada, por no interrumpir el flujo del relato. Era preciso dejarle hablar.

—Pero daba igual cuánto retrocedieran, daba igual la prisa con la que huyeran —continuó Gustioz—. Los nuestros los alcanzaron.

Calló, súbitamente detenido por algo, y Moncada tuvo la certeza de que había llegado al corazón de lo que buscaba. Apretó los dientes. Cualquier pregunta rompería el hechizo. Cualquier pregunta provocaría el cierre del mejillón, sellaría la caja de los secretos.

Observó en silencio el rostro del viejo guerrero, cuya mirada estaba perdida en su propia memoria, los ojos fijos en algo cuyo solo recuerdo les hacía abrirse de par en par, asomarse a un abismo.

Entonces Gustioz parpadeó, pareció regresar de un largo viaje. A su retorno, la mirada había vuelto a ser torva y desconfiada.

—Vencimos —concluyó—. El enemigo abandonó el campo.

Los músculos de Moncada se tensaron:

—¿Lo abandonaron así, sin más? ¿Aun siendo como eran superiores en número?

El guerrero hizo una mueca de desdén.

—Así era a menudo. Ésa era la fuerza del Campeador.

Hubo un instante de silencio entre ambos, en el que se midieron con la mirada, los dos conscientes de sus propias mentiras. Moncada se lanzó a fondo:

—¿Qué más ocurrió, Gustioz?

El rostro del hombre fornido no experimentó cambio alguno. Tan sólo los ojos se hicieron más fríos.

—Vencimos —repitió—. Llevamos a nuestro señor de vuelta a casa, y se lo entregamos a su esposa.

Moncada comprendió que no tenía sentido seguir preguntando. No sacaría más de aquel fiel servidor. No de él.

—He oído decir que administráis los bienes de la señora —dijo, cambiando el ángulo de tiro.

—Es el honor que tengo —confirmó Gustioz.

—Si es así, la veréis con frecuencia. Quisiera tener el honor de poder presentarle mis respetos.

—La señora no recibe a nadie. Si lo hiciera, su celda tendría más visitas que la tumba del apóstol Santiago. Quiere vivir en paz con su soledad y con la memoria del Campeador.

—Ya os he dicho que yo no soy cualquiera. Le llevaré el consuelo del Santo Padre.

Gustioz sonrió torcidamente:

—No tenéis mucho aspecto de cura.

—Nunca he dicho que lo fuera.

El rostro de Gustioz se ensombreció.

—Dejad en paz a la señora —pidió sin circunloquios—. Dejad en paz a la señora si no queréis veros en batalla conmigo.

Moncada respiró hondo. Gustioz había desafiado su sentido del honor, al enfrentarlo a la disyuntiva de doblegarse ante la amenaza o llegar a las manos con el ofensor. Pero tenía una misión, un anillo de sello que pesaba cual densa cota de malla.

—No es de cristianos que peleemos entre nosotros —contestó, paciente—. Tenemos otras luchas que librar.

—Sea —asintió el guerrero—. Dejadme pues en paz, e id a buscar vuestras luchas a otra parte.

La indignación luchó una vez más por aflorar. Moncada volvió la vista hacia la iglesia del monasterio, se preguntó qué cruel maldición iba a llevarle a luchar junto a sagrado, y apretó los puños. Se llevó uno de ellos al pecho, a modo de saludo de despedida, y volvió la espalda al soldado convertido en capataz.

Desanduvo el camino entre los surcos a grandes zancadas, con el corazón apretado en la boca. Maldita la tarea que tantos sacrificios imponía. Maldita la verdad. Maldita la pena.

Cruzaba las puertas del monasterio cuando a sus espaldas oyó una voz amable que gritaba su nombre:

—¡Don Álvar!

Mariana de Arriaga venía a su encuentro a rápidos pasitos, casi corriendo, con una acalorada sonrisa en los labios. Daba la impresión de haber ido en pos de él desde hacía un rato sin poder alcanzarlo.

—Doña Mariana, qué grata sorpresa —dijo Moncada.

Mariana se detuvo y se llevó una mano al pecho, como si tuviera que retener con ella la respiración ansiosa. Tardó unos segundos en cobrar aliento para poder hablar:

—He venido siguiéndoos —confirmó con una risa entrecortada—. Caminabais muy aprisa.

—No sabéis cuánto siento haberos fatigado. De haber sabido…

Mariana hizo un gesto para que no siguiera hablando:

—No tiene importancia.

—¿Queríais decirme algo?

La muchacha pareció repentinamente sorprendida, como si no hubiera pensado en esa eventualidad. Alzó las cejas con expresión de duda:

—No, yo…, bueno…, están siendo unas horas de tantas emociones…

Moncada se sintió inquieto. Había sido poco delicado al no comprender que para aquella muchacha ese viaje, tal vez el primero de su vida, era un semillero de novedades. Trató de reparar el error:

—Os comprendo. La misma visión del cuerpo de Mío Cid…

Mariana sacudió la cabeza en apasionada negativa.

—Venía dispuesta a ello —dijo—. Me ha causado sin duda emoción, pero era una emoción esperada. En cambio, poder hablar con doña Jimena ha colmado todas mis esperanzas.

Moncada se puso en instantánea alerta:

—¿Habéis hablado con doña Jimena?

La muchacha afirmó con la cabeza, con un gesto enérgico y repetido, con los labios apretados, como si tuviera que contener lágrimas de alegría.

Las sienes del guerrero pulsaron, tratando de atrapar la ocasión, y no arruinarla. Estaba pasando delante de él, igual que un río de oro fundido. Si encontraba la copa con la que recogerlo, sería suyo. Una palabra en falso equivaldría a intentar recoger el oro con las manos.

Preguntar directamente —¿dónde puedo encontrarla?— podía ser esa palabra en falso, así que pensó en cómo soslayarla y conseguir de todos modos su objetivo. Si podía ver a Jimena sin tener que pasar por el filtro de sus hombres de confianza o del prior de Cardeña, ésa era su oportunidad de hacerlo.

Estaba a punto de tender la copa —de tender la red—, cuando sintió una súbita vergüenza de lo que iba a hacer: iba a engañar a una muchacha inocente para encontrar por el camino más corto a una persona a la que quería interrogar, presumiblemente en contra de su voluntad. Iba —una vez más— a anteponer la misión que ostentaba a las mínimas normas de la honestidad, la caballería y la vergüenza. Bajó la vista.

—Mariana… —titubeó.

La muchacha le miró con ojos transparentes, en los que se apuntaba la incertidumbre.

—Mariana —dijo Moncada con voz más firme—, he venido hasta aquí para hablar con ella. Me haríais un gran servicio si me dijerais dónde puedo encontrarla.

Ya está hecho, pensó. Ahora el río de oro pasará ante mis ojos y se perderá. Respiró hondo.

Mariana le miraba con expresión admirativa.

—¿Por qué no lo habéis dicho antes? Estaba paseando por el claustro del monasterio, como un peregrino más —le llegó la respuesta.

El caballero apenas pudo creer que su sinceridad no fuera respondida con suspicacia. El río había desviado su curso, y afluía a su copa. Aceptó el presente que el destino le daba:

—¿Cómo la reconocisteis? —acertó a preguntar.

—No lo sé. Supe que era ella.

El guerrero que luchaba en las fronteras de la luz se estremeció. Aquella niña de voluntad fuerte y mirada perdida estaba hablando de algo que, en el lenguaje en el que él se movía, llevaba el nombre de revelación. Bajó la voz antes de repetir:

—Supisteis que era ella.

Mariana asintió con lentitud, evocando el momento en que había visto a la viuda del héroe. Sus labios se movieron otra vez:

—Estaba en un rincón de la columnata, mirando el sol que bañaba el jardín. Parecía más joven de lo que debe de ser, y… no parecía triste.

—Ha pasado mucho tiempo —dijo comprensivo Moncada.

—¿Vos creéis? —la muchacha levantó vivamente la cabeza—. Yo no creo que tales pesares puedan apaciguarse con el paso del tiempo.

El caballero bajó la cabeza.

—No —siguió hablando Mariana—. No estaba triste, pero no estaba triste como quien sabe que no tiene por qué estar triste.

Moncada parpadeó.

—Y la reconocisteis —dijo en voz baja.

—Y la reconocí —confirmó la muchacha—. Y creo que vos también la reconoceríais.

Moncada no contestó.

—¿No vais a buscarla?

El caballero levantó la cabeza.

—Creo que ahora no —dijo—. Quizá mañana.

VII

Aparqué donde Laura me había dicho. Delante de una casa de dos plantas muy altas, que tenía además en el pico un ventanuco alertando de la presencia de un desván o una buhardilla. La casa era muy antigua, y estaba edificada sobre un fuerte zócalo de piedra. Las blancas paredes parecían pintadas por alguien sin demasiado control del oficio: se veían los rastros de las rodadas de un rodillo no siempre empapado por igual de pintura.

La puerta principal era un recio portón de madera, y hacia él me dirigí con las maletas en ambas manos, con esa sensación mezclada de inquietud y expectativa que uno siente al entrar por primera vez en una casa ajena en la que al día siguiente despertará desorientado. Antes de dejar el equipaje para llamar al timbre, la puerta se abrió y una sonriente Laura apareció delineada en el umbral:

—¡Hola!

Se apartó a la derecha y me hizo un gesto con la mano, como un guardia de tráfico o un torero.

—¿He tardado mucho?

—Al contrario. Me sorprende que lo hayas encontrado tan pronto.

—¿Tan mala orientación tenemos los de ciudad?

—¡No te lo puedes ni imaginar!

Parpadeé al pasar bajo el dintel, acomodé la vista y no pude por menos de detenerme un segundo.

La casa era aún más antigua de lo que aparentaba vista desde fuera. Techos altísimos, como cabía esperar, pared de cálida piedra en toda la planta baja y suelos de roja arcilla alabeada por el tiempo, ese suelo que parece haber sido hecho de una sola pieza y más tarde cortado en losas cuadradas, igual que un pastel.

Justo enfrente de la puerta tenía su arranque una larga escalera, de peldaños rojos de la misma arcilla. Cada escalón estaba ribeteado por un filo de madera pintado de blanco, y la escalinata se extendía en profundidad más aún que en altura.

Laura se dio cuenta de mi sorpresa ante la escalera, y me explicó:

—La casa es más profunda que ancha. Por eso la escalera tiene tantos peldaños. Va hacia la parte trasera antes de doblar.

Asentí distraído, pensando que aquel diseño daba al edificio un algo de casa solariega o palacio antiguo. Luego me dije que ya estaba entregándome a mis aficiones de anticuario, y emprendí la subida detrás de la anfitriona.

La escalera tenía todo el encanto de las casas viejas. De cada rellano salían dos peldaños que subían o bajaban a una habitación que parecía construida en la nada, como una entreplanta volada que no daba a ningún otro sitio.

En el primer piso —la escalera seguía subiendo—, Laura se detuvo y giró a la izquierda, hacia un corredor que daba a varias estancias. Una de las puertas del corredor estaba abierta, y por ella salía un chorro de luz.

—Ésa es vuestra habitación —dijo Laura.

Entré y dejé las maletas en el suelo.

—¡Guau! —exclamé.

La habitación tenía un ventanal por el que se veía toda la montaña, sin más obstáculos que las copas más altas de los árboles del valle. Por entre las ramas se distinguían las aguas del lago en el que acabábamos de bañarnos, y aunque la ventana daba al este, la luz de la tarde entraba a raudales.

—El amanecer aquí tiene que ser impresionante —comenté.

—Ya lo creo que lo es —se echó a reír de pronto—. Y temprano. No hay persianas capaces de impedirlo.

Alcé la vista hacia el marco de la ventana. No había, en efecto, persiana alguna. Me pregunté a qué venía aquella especie de broma, pero mi guía había vuelto a salir del cuarto.

—El baño está aquí, a la izquierda —indicaba, agitando los brazos como si se tratara de un molino de viento—; la puerta que tiene enfrente es la de mi estudio, y la última del pasillo, mi habitación.

Me asomé al estudio, sin poder reprimir la curiosidad. Estaba forrado de estanterías llenas de libros, y delante de los libros colgaban litografías de pinturas de todas las épocas, desde cuadros barrocos hasta carteles de cine. En el centro, una mesa bastante cuadrada estaba atiborrada de papeles y objetos. No tuve tiempo de ver más en detalle. Laura ya bajaba por la escalera y me pareció mal quedarme arriba, me sentía un cotilla.

Bajó tan deprisa que la perdí de vista, y al llegar al pie de la escalera me encontré ante un salón con chimenea, con el suelo cubierto de alfombras de piel, y un pequeño pasillo a la izquierda. Oí sus voces allí.

—¿No os quedáis muy aislados en invierno? —estaba preguntando Silvia.

—Completamente, a veces. Pero una buena chimenea lo cura todo.

Entré. Las dos estaban en la cocina, Silvia apoyada en una mesa, con los brazos cruzados, y Laura apoyando las manos en la encimera. Ambas me miraron, y sentí la estúpida necesidad de decir algo:

—Ya he dejado los bultos arriba.

—No esperábamos menos de ti —dijo Silvia.

Cruzaron una mirada sonriente, y temí que fueran a empezar otra vez a convertirme en objeto de broma, pero Laura se separó de la encimera como con un impulso de ambos brazos:

—Venid, os enseñaré el resto de la casa.

Fuimos hacia la parte trasera, y la dueña arrancó de sus goznes más que abrió una puerta de madera agrietada y despintada, cuya parte inferior estaba recubierta con una especie de faldón de chapa clavado con tornillos a la madera. Salió por ella, y la seguimos.

Una corta escalera de piedra sin pasamanos daba

acceso a una mezcla de jardín y huerto de dimensiones indefinibles. A pocos metros frente a nosotros se alzaba un tapial de gris cemento cubierto de parras tan viejas que en la parte inferior de sus ramas ya no brotaban hojas. A la derecha, en cambio, los surcos plantados de lechugas, tomates y calabacines y una vegetación salvaje y descontrolada se extendían sin que nada pareciera frenarlos. Había árboles dispersos de enorme tamaño. Todo transmitía la impresión de un jardín selvático y sorprendente.

—¿Tú cuidas todo esto? —preguntó Silvia.

—Sólo la parte salvaje —rio Laura—. Para el huerto he llegado a un arreglo con un vecino del pueblo: él lo cuida, lo cosecha y me da una parte de los beneficios.

—¿Vives de eso? —pregunté yo.

La risa cantarina volvió a llenar el aire.

—No, claro que no. Escribo artículos, hago dictámenes y, sobre todo, restauro piezas de arte. No da gran rendimiento, pero aquí apenas necesito nada.

—¿El río también pasa por aquí arriba?

—Justo al final de mi jardín. Pero en esta parte es muy estrecho, apenas un riachuelo. Bueno, ¿qué os parece? —preguntó desafiante.

—Maravilloso —respondí, con tanto entusiasmo que Silvia se volvió a mirarme—. Comprendo que no eches de menos nada.

Una vez más, sus dientes se alinearon en una ancha y franca sonrisa:

—¿Quién ha dicho que no echo de menos nada?

Estuvimos charlando hasta la hora de cenar, y luego, en una noche tibia en el jardín, a la luz de un farol antiguo y alrededor de dos bandejas llenas de embutido y queso de las que fuimos picando distraídamente, Laura nos puso al corriente de lo que sabía del caballero.

—El apellido Montcada o Moncada es un viejo linaje catalán. Se supone, si creemos en la mitología, que descendiente de Carlos Martel a través de Dapifer, uno de «los Nueve Barones de la Fama» que participaron en la Reconquista. Si creemos en la toponimia, es un apellido originado en el castillo de Montcada, feudo de Guillem de Montcada, cuyos descendientes serían senescales de Cataluña. Si tenemos en cuenta que en aquellos años la palabra «dapifer» significaba «senescal», está bastante claro que los nietos de Guillem encontraron una estupenda manera de revestir su cargo político de una adecuada genealogía que los hiciera casi divinos.

Se detuvo, tomó una perita de la mesa y la mordió mientras sus palabras causaban en nosotros el efecto esperable. Continuó:

—De todos modos, la verdad es que más tarde supieron ganarse sus galones. Uno de los miembros de la familia fue el llamado Gran Senescal de Cataluña, que negoció el casamiento de Ramón Berenguer IV con Petronila, es decir, la unión del reino de Aragón con el condado de Barcelona.

Así que un ilustre noble aragonés, pensé.

—Pero eso ocurrió mucho después —prosiguió Laura—, de hecho, alrededor de sesenta años después de la inscripción del cartulario que leyó Javier. Por cierto, que hubo un Guillem de Montcada que murió sin hijos ese mismo año, así que de todos modos no hay línea directa…

Silvia se echó a reír, y entendí enseguida por qué lo hacía. Laura estaba jugando con sus conocimientos, sirviéndonos de postre un rompecabezas cuya clave sólo ella conocía.

—O sí, claro, porque nadie dice que todos los Montcada fueran parientes. De hecho, hay otras fuentes que establecen una línea directa, y dicen que el Gran Senescal era nieto del primer Guillem.

Esta vez reímos todos. Cualquiera que se haya adentrado en la Edad Media sabe que lo mítico y lo real se mezclan, y que no hay relato ni fuente que pueda considerarse del todo fidedigno. Lo que Laura estaba diciéndonos era que, en realidad, no sabíamos nada.

—En cualquier caso —continuó—, hablamos de una familia importante, que más tarde adquiriría el señorío de Bearn, y que llega hasta nuestros días. Una de esas familias que no sólo dejan primogénitos que heredan los feudos, sino abundantes segundones. Nuestro Álvar bien podría ser uno de ellos.

—¿No es eso extraño? —interrumpió Silvia—. Tenía la impresión de que el nombre Álvar o Álvaro era de genealogía castellana.

—Es más antiguo que eso. Es de origen godo, tal vez una corrupción de *Álberic,* y está disperso por toda la península ibérica.

—Un segundón —retomé la línea interrumpida—. Pero la mayoría de los segundones iban a parar al clero.

—Depende de qué entiendas por segundón. Las mujeres tenían numerosos hijos porque la mayoría morían en la infancia. Es de suponer que en una familia noble como los Montcada, con medios de fortuna para dar más cuidados a su prole, la mortalidad infantil sería inferior. Álvar pudo ser el tercer o cuarto hijo de uno de aquellos señores feudales. Y ésos se dedicaban a las armas, con intención de alcanzar por sí mismos un feudo nuevo; de buscarse la vida, diríamos hoy.

La cabeza empezó a funcionarme como los pistones de un motor de explosión. Un noble segundón recorriendo caminos en busca de fortuna, en un momento muy concreto de la Historia, en plena reconquista, y sin embargo…

—Sin embargo, nuestro hombre no actuaba por su cuenta —pensé en voz alta.

Los ojos de Laura sonrieron con picardía.

—Lo dices por el escudo, ¿verdad?

Asentí lentamente.

—Pero está pintado, intencionadamente según dijiste —terció Silvia—, de manera borrosa. Como si no fuera su escudo de armas. O como si él no tuviera ningún escudo de armas.

—Eso es lo interesante —dijo Laura—. Como si no tuviera escudo propio. Como si fuera un mercenario del Papa.

Los pistones seguían redoblando en mi cabeza, llenándola de humo.

—Más que un mercenario —murmuré—. Un jefe de mercenarios.

Laura sonrió abiertamente. Daba la impresión de que nuestras palabras no hacían otra cosa que reproducir un camino que ella había recorrido con anterioridad. Tamborileó con los dedos en la mesa.

—El Comendador de las Sombras —dijo en voz baja.

Silvia frunció el ceño.

—«¿Adónde queréis ir a parar? ¿Sugerís algo así como que Montcada era el jefe de los espías del Papa, o algo parecido?

—«Acude a mí el Comendador de las Sombras» —repetí las palabras del cartulario—. «Desea hablar de la herencia del desterrado y del paradero del leal». No es una ocupación muy corriente para un caballero del siglo XII. Más bien parece una investigación oscura. Una encomienda secreta.

Silvia entrecerró los ojos, lo que en ella era señal de que estaba a punto de destilar una idea novedosa. Lo hizo:

—Sin embargo..., que tenga una encomienda no significa que sea ningún jefe. Tal vez fue un soldado de fortuna que no tuvo fortuna. Por eso su encomienda no fueron más que sombras, y su escudo, el de nadie.

Observó satisfecha nuestra expresión de sorpresa. La idea era plausible, la explicación viable. Pero Laura tenía otro plan de batalla:

—Es una buena hipótesis —concedió—. No obstante, no nos acerca al lugar al que debemos ir.

—Explícate.

Laura dio otro mordisco a la pera. La masticó despacio, disfrutando de hacernos esperar. Seguí los movimientos de sus labios cerrados como los había seguido al abrirse.

—Tenemos alguna idea de su origen —dijo después de tragar—. Tenemos incluso alguna conjetura sobre su condición, aunque todo eso son sólo hipótesis. Lo que necesitamos es saber algo cierto.

Crucé una mirada con Silvia y levanté las manos con las palmas hacia arriba, en muda súplica de que nos indicara dónde se encontraba esa certeza.

—El principio —dijo en voz baja—. Debemos empezar por el principio.

—¿Es decir? —reclamé con impaciencia.

—Sabemos lo que estaba investigando cuando fue a San Pedro de Arlanza —afirmó.

Noté que los nervios se me erizaban. Cómo podía no haberme dado cuenta.

—«Desea hablar de la herencia del desterrado y del paradero del leal» —repitió esta vez Silvia.

—En 1102 —dijo Laura—. ¿Qué pasó en 1102?

—No tengo ni idea —afirmé, impaciente.

Laura sonrió de nuevo.

—Pues tendrás que buscarlo —remató.

VIII

A la temprana hora del amanecer la iglesia estaba desierta. Sobre las gradas del presbiterio, el cuerpo insomne del Campeador dormía su eternidad petrificada. Aún no había exvotos a sus pies; los del día anterior habían sido ya piadosamente retirados. Tan sólo los dos monjes legos que velaban el cuerpo dormitaban a izquierda y derecha con las manos hundidas en las anchas mangas de las cogullas.

Moncada recorrió la nave central con la mente embrollada por los acontecimientos. Pasaban por delante de sus ojos, en sucesión continua y voraginosa, oscuras estampas del pasado y vivaces imágenes del presente. Conjeturas. Ideas. Sombras.

A todas las imágenes se imponía la de Mariana. No se le ocultaba que la muchacha ya le había hecho impresión en el momento de conocerla, pero por entonces aún había sido una impresión soluble, la de la belleza sustituible.

Ahora no era lo mismo. Desde su conversación de la tarde anterior, el rostro de Mariana perseguía sus pensamientos. Hacía que al volverse le pareciera estar enfrentando la mirada inteligente de sus ojos, le movía a caminar acechando la hipótesis improbable de que se apareciera una vez más en cualquier rincón de un monasterio que quizá ya habría abandonado. Estaba empezando a convertirse en la belleza insustituible. La que era preciso apartar de su mente. La misión apremiaba. Las sombras apremiaban. El tiempo apremiaba.

Se detuvo delante del Cid. La piel había perdido la tersura de la carne viva, el cabello la luz y la flexibilidad, pero, sobre todo, los párpados compasivamente cerrados ocultaban el seguro vacío donde habían estado los ojos ardientes del desterrado.

Moncada había visto aquellos ojos. Había sido veinte años atrás, cuando él era un chiquillo, un joven infanzón en las huestes del conde Ramón Berenguer II, y el Campeador luchaba al servicio del rey Al-Muqtadir de Zaragoza. En la batalla de Almenar, el Conde de Barcelona había sido derrotado hasta la humillación de verse preso. Entonces, en la tienda de campaña de su propio campo, rodeado por sus vencidos leales, había recibido la visita de su vencedor.

Álvar recordaba la llegada del mercenario victorioso. Se había despojado ya del polvo de la batalla, pero no había en su vestuario nada que ponerse a la altura de un rey, y había comparecido únicamente con la loriga limpia y una sobreveste inmaculada, blanca como la que ahora él mismo llevaba, sin adorno alguno. Sus ojos no tenían esa mirada penetrante y terrible con la que los relatos le revestían, sino una tristeza febril que evocaba las ventanas de un infierno interior.

Desde la altura de sus pocos años, él había estado

esperando la visita cargado de odio, con la mano en el pomo de la espada, deseando un pretexto para desenvainar y romper la tregua de la derrota, para buscar venganza. Y sin embargo, al ver aquellos ojos melancólicos, toda su furia se había apagado.

Había visto a su señor y conde, Ramón Berenguer, dirigirse al Cid con dignidad y respeto. Y había tenido la ocasión de observar que el vencedor trataba al vencido con la reverencia debida a su condición y representación. Luego, se habían quedado solos en la tienda. Nadie había asistido a su conversación, aunque después las crónicas dijeran otra cosa, y al salir, el respeto parecía haberse trocado incluso en una cierta confianza y afecto.

Ahora el Campeador estaba ante él, envuelto en colgaduras y cintas, y detrás de sus párpados caídos acechaba el silencio.

Moncada había visto aquellos ojos, y los echaba ahora de menos. Había vuelto a verlos en otra ocasión, tan sólo tres años atrás. Eran las mismas luces melancólicas, pero estaban cansados y felices. Se celebraba el compromiso de su hija María Rodríguez con el hijo de aquel prisionero, el ya flamante Conde de Barcelona Ramón Berenguer III. El Señor de Valencia casaba a su hija en igualdad de condiciones con un príncipe soberano, pero Moncada no había visto más que a un padre orgulloso, cubierta ya de gris la barba rígida, lo único que en el muñeco de pergamino sentado en las gradas recordaba al hombre que fue tendones, músculo, sangre.

Él ya era entonces quien era, y había sido invitado como dignatario de la Iglesia universal, como brazo de

Dios. Había tenido el lugar entre los nobles que por nacimiento no le correspondía, aunque su primo estuviera al lado del conde reinante, llevara su estandarte y presumiera de ser su mano derecha.

Se había cruzado apenas un instante con el noble suegro. No había llegado a ver a su esposa, quizá perdida entre la turbamulta de agrestes guerreros que rodeaba al Campeador, el cortejo que siempre arrastraba la abundancia, el séquito implacable del poder.

Trató de recordar entre aquellos rostros el de Muño Gustioz, no tanto por saber si tenía algún vestigio en la memoria como para ver si era capaz de identificar en el recuerdo a otros, tal vez de reconocerlos si los viera. Pero el pasado se cerraba a sus ojos igual que una cámara vacía. Tan sólo recordaba soldados armados hasta los dientes.

Se pasó una mano cansada por los ojos cansados, respiró hondo, y de repente vio a la mujer.

Estaba sentada al otro lado del presbiterio, en una especie de pequeño trono que él había pensado correspondía al abad, pero que ahora entendía claramente, por su posición enfrentada y simétrica al del Campeador. Era Jimena.

Era Jimena, y le contemplaba con expresión severa, los dientes apretados en un rostro que tuvo que haber sido hermoso, y al que los años no habían arrebatado la dignidad. Ceñía el velo que cubría su cabeza con una fina diadema de oro, apenas una cinta de metal, y vestía ropas sencillas pero solemnes.

Las manos agarraban los extremos de los brazales como si se dispusieran a dar impulso al cuerpo para saltar, y Moncada entendió que le estaban esperando en guardia, y que su tiempo venía limitado por la desconfianza.

Atravesó el espacio que los separaba, deteniéndose ante el altar mayor para doblar cabeza y rodilla ante el sagrario. Cuando estuvo ante ella, se inclinó otra vez, y dejó caer la rodilla en el suelo con estrépito de metal:

—Salve, Señora de Valencia.

Ella le sorprendió al responder, escuetamente:

—Salve, Comendador de las Sombras.

Moncada levantó la cabeza de golpe. Gustioz podía haberle avisado de que un caballero quería hablar con ella, podía incluso haberle dicho que venía de Roma, pero aquella denominación no estaba al alcance de cualquiera.

El digno rostro de labios apretados seguía fijo en él, sin cambio alguno.

—Mi hija me avisó de vuestra visita —la voz de la viuda era seca y metálica—. Me dijo quién erais, y lo que me vendríais a preguntar.

Moncada recordó la visita hecha a la condesa de Barcelona. Entonces había creído que podría acceder a la madre a través de la hija, pero la descendiente del Campeador se había mostrado más leal a su sangre que a su tierra de adopción.

—¿Suponíais acaso que no lo haría? Parecéis sorprendido.

—Suponía que yo sería más rápido —respondió Moncada con sinceridad.

—Minusvaloráis a los caballeros del séquito de mi hija.

—Me doy cuenta.

Hubo entre ellos un tenso silencio, que Moncada no supo cómo romper. Las preguntas ya estaban hechas, pensó, y ya se daba cuenta de que no podía esperar respuesta. Barajó la idea de abandonar sencillamente, de besar la mano que se le tendiera y marchar de allí.

Pero tenía una misión. Poco a poco irguió la cabeza, como recuperándose de un peso que le hubiera caído en la cerviz, y enfrentó la mirada severa de la viuda:

—Así pues, señora, ya sabéis a qué he venido —desafió.

Jimena asintió con lentitud:

—Sí. A remover en la tumba de mi esposo. A poner en duda sus triunfos y sus logros. A impedirnos que descanse en paz.

El caballero negó tristemente con la cabeza:

—No, señora. Nadie quiere negar al Campeador ni su gloria ni su descanso. Sólo quiero saber.

—¿Saber qué?

—Lo que me ha sido encomendado: qué pasó en realidad en la última victoria del Campeador. Qué fuerzas intervinieron realmente en ella.

—¿Fuerzas? ¿Qué queréis decir con fuerzas?

Moncada respiró hondo. Hay palabras que pueden ser pensadas, pero no pronunciadas. Ideas a las que es posible rondar, pero no tocar. Ahora le pedían que las pronunciara, que las tocara. Lo hizo:

—Tengo el mandato de averiguar, si es que vos queréis decirlo así, si la mano de Dios se posó en el hombro de vuestro esposo en su última batalla. Si no estuvo solo en esa lucha.

Jimena parpadeó un instante, como si le causara incredulidad lo que había oído.

—¿No creéis lo que toda Castilla sabe? —preguntó—. ¿No creéis que sus leales lo montaron a caballo y su sola presencia derrotó a los enemigos?

Moncada reflexionó antes de contestar. Sabía que sus palabras podían resultar definitivas.

—Sinceramente, no —respondió al fin.

La viuda del desterrado alzó la mandíbula, orgullosa y desafiante.

—No deja de ser sorprendente —afirmó, y en su tono vibraba el sarcasmo— que el enviado de Roma ponga en duda la posibilidad de la intervención divina porque no cree en la intervención humana.

—Yo no pongo nada en duda, señora —respondió el guerrero—. Es mi deber averiguar antes de afirmar.

Jimena asintió varias veces con la cabeza. El ritmo de las cabezadas era indicio de que en ella crecía la indignación. Cuando habló, su voz fue como un siseo saliendo por entre unos dientes que rechinaban:

—¿Queréis saber qué pasó aquella mañana, eh? —dijo.

—Os lo ruego.

Jimena levantó el brazo derecho, totalmente extendido; de su puño cerrado sobresalía un índice rígido y tembloroso. Señalaba al otro lado de la iglesia, al rostro impertérrito del esposo dormido para siempre:

—Entonces —dijo con voz ahogada—, preguntádselo a él.

Muy entrada ya la noche, la puerta de la celda de peregrino en la que dormía el Comendador de las Sombras se abrió de golpe —como todas las celdas de los peregrinos, no tenía cerradura—, y Moncada apenas alcanzó a ver, mientras se le arrancaba bruscamente del sueño, un tropel de sombras encapuchadas que caían sobre él. Una de ellas le golpeó con un grueso garrote en la misma mano que ya había desenvainado el puñal escondido bajo la almohada. La hoja cayó al suelo con un impotente tintineo.

Lo arrastraron fuera de la cama y, mientras se retorcía para librarse de la presa, empezaron a pegarle sin decir palabra. Primero fueron secos puñetazos en el plexo solar y el vientre, que pronto terminaron con su resistencia. Cuando ya le faltaba el aire por el dolor, lo tumbaron encima del tablero de la mesa de su celda y empezaron a vapulearle la espalda de manera rítmica y regular, sin dejar de sujetarle los brazos y las piernas. Antes de perder el conocimiento, alcanzó a escuchar una voz que decía a su oído:

—No se molesta a la señora.

Despertó a la orilla de un río. Estaba tumbado boca abajo, en una especie de playa pedregosa, con la mano izquierda metida en el agua y el resto del cuerpo entre charcos y piedras. Amanecía.

El primer intento de moverse fue en vano. El dolor de la espalda y las nalgas era tal que impedía cualquier gesto. Se quedó inmóvil, dejando que el agua jugara con su mano. Al ver que sí podía mover el brazo, lo llevó hasta la cara y la mojó.

El frescor resultó vivificante. Haciendo un esfuerzo,

lanzando un grito para soportarlo, giró sobre sí mismo hasta meter todo el cuerpo en el agua.

El choque de la fría corriente lo recorrió de pies a cabeza, devolviendo la movilidad a los miembros entumecidos. A pesar del sufrimiento, pudo apoyarse otra vez en el suelo, gatear por encima de los guijarros hasta estar en seco.

Levantó la cabeza al oír un violento resoplido. A tres o cuatro metros, su caballo estaba atado a un árbol, y en el arzón estaban su manto y su espada, atados cual manta. Estuvo seguro de que dentro estarían la loriga y el casco.

No era el robo lo que había movido a sus agresores. Ya lo sabía, porque las palabras que le habían dirigido habían sido elocuentes, pero cuanto veía lo confirmaba. La agresión había sido vil, pero no se le había añadido la vileza de quitarle cuanto tenía. Tan sólo deseaban que se marchara con viento fresco.

Al dolor de la espalda se sumó enseguida el de la humillación. Lo habían apaleado como a villano en picota, sin respeto alguno por su condición de caballero, sin dar la cara ni permitir opción a una pelea noble.

Una furia sorda, ensimismada, se apoderó de él. Pensó en recuperarse cuanto antes para volver corriendo a Cardeña, desafiar a Gustioz y darle la cumplida respuesta a tan mísero ataque. Estaba ya ideando estratagemas —no estaba tan aturdido como para pensar que un ataque frontal pudiera tener éxito— cuando su cerebro se impuso a su furia y se calmó de pronto, súbitamente frío.

No tenía sentido responder con la espada a un ataque de villanos. No tenía sentido tratar de vengar lo que no era más que la agresión de una guardia personal manteniendo el cerco de hierro en torno a su protegida. Intentando, en última instancia, expiar su propia culpa al haber permitido que se le acercara.

Estaba preguntándose si tenía motivos para regresar allá de donde lo habían expulsado, cuando el dolor en el costado izquierdo se agudizó hasta tal punto que le hizo caer nuevamente. El golpe contra el suelo le hizo lanzar un grito.

Entonces su caballo relinchó. Volvió instintivamente la cabeza, y vio que tironeaba de las riendas atadas, buscando soltarse. Alguien se aproximaba.

Apretó los dientes, tratando de incorporarse de nuevo para alcanzar un arma. Lo estaba consiguiendo poco a poco cuando al instinto de su montura se sumó el rumor de cascos de caballos.

Escuchó. Dos caballos. Dos caballos al paso. Tal vez viajeros. Tal vez otra cosa. Luchó por dominar las punzadas tremendas del costado y la espalda.

No pudo. Tumbado boca arriba, esperó la llegada del destino con resignación.

Los cascos de caballos se hicieron más próximos. Se preguntó si desde la altura de las monturas los jinetes alcanzarían a verlo antes que él a ellos. Como saliendo al paso de sus pensamientos, escuchó una voz:

—¡Don Álvar!

La escuchó con la mente ya nublada, mientras iba perdiendo la consciencia, y se dijo que estaba comenzando a delirar.

Un caballo frenó sus pasos, unos pies resonaron al caer a tierra desde la silla y un rostro se inclinó encima del suyo por entre la niebla. Era el rostro de un joven conocido. Y, más allá, se divisaba otro.

La belleza insustituible, pensó con una interior sonrisa, un instante antes de desvanecerse.

IX

Desperté, acalorado, en lo que creí la mitad de la noche. Sin embargo, al mirar el reloj, comprobé que no eran más que las dos y media de la madrugada.

Silvia dormía pacíficamente. Valoré la opción de darme la vuelta y tratar de recuperar el sueño, pero sabía que no podría. Bajé a beber agua.

Durante la noche, las casas ajenas cobran una entidad desconocida. No sólo es que no puedas caminar por los pasillos con la seguridad que dan los terrenos conocidos, sino que normalmente las casas ajenas son casas de visita, casas de día, y no casas de noche.

En la oscuridad, los objetos que otro ha colocado en sus respectivos lugares descubren al observador una intimidad en la que antes no había reparado. El silencio favorece la contemplación tranquila. La penumbra produce matices, sombras y volúmenes inexplorados.

Bajé las escaleras aprovechando la luz de la luna que se colaba con fuerza por las ventanas abiertas al frescor de la madrugada, vigilando mis pasos para evitar crujidos que incomodaran a mis compañeras de sueño. Mis brazos y mis piernas me parecían peligrosos instrumentos que podían chocar con los objetos y derribarlos.

Vi los cuadros colgados en la pared de la escalera. Variopintos modelos de paisajes, marinas y algún retrato antiguo de alguna mujer desconocida. Durante el día no me había fijado en que hubiera tantos.

Doblé por el pasillo de la cocina, prosaica con sus muebles funcionales en medio de aquellas cálidas antigüedades, y al abrir la nevera tuve la sensación de que el foco de luz de su interior me envolvía como envuelve el de un helicóptero a un preso fugado. Busqué la botella de agua y me apresuré a cerrar.

Fue entonces cuando vi que la puerta forrada de chapa estaba abierta. Bebí y, con la boca cubierta todavía del frescor del agua, me dirigí hacia allí.

Laura estaba en lo alto de la escalera de piedra, contemplando el jardín cubierto de penumbra. Llevaba un pijamita de tirantes y pantalón corto, en una tela de raso que espejeaba a la luz de la luna, y no había diferencia entre el alboroto de sus cabellos de día y de noche. Me pregunté si no había dormido, si llevaba todo ese tiempo allí, o si el calor la había obligado a levantarse igual que a mí.

—Buenas noches —dije con voz queda, preocupado por no sobresaltarla.

Se volvió sin prisas ni sacudidas. Sonrió como siempre.

—Hola.

Me puse junto a ella y miré al cielo. Tenía la impresión de que no era preciso decir nada.

—No te deja dormir el calor, ¿eh? —me preguntó.

—No.

—Pasa a menudo en esta época del año. Pero a mí me gusta. Me gusta la noche, y el insomnio me da ocasión de disfrutarla.

A mí también me gustaba esta noche.

—¿Por qué te gusta? —pregunté.

—Tal vez por el silencio —respondió sin mirarme—. Nada se mueve, oyes a los grillos y no parecen animales cantando, sino como un latido, el tictac de un reloj; si te esfuerzas un poco llegas a dejar de oírlos. Y el silencio te permite pensar.

Asentí suavemente con la cabeza.

—Entiendo lo que dices. Demasiado trajín durante el día. Demasiada actividad.

—No —la respuesta llegó como un respingo, como si le asombrara que pudiera haberla entendido mal—. No, no es eso. Me gusta el trajín. Me gusta bañarme en el lago, y perseguir fantasmas en las iglesias. Únicamente necesito parar después. Como cuando terminas de probar un plato especialmente rico. No te puedes tomar enseguida el postre, quieres saborearlo.

No dije nada, temeroso de volver a meter la pata. Los dientes de Laura reaparecieron en la oscuridad, brillantes a la luna como sus ojos. Sonreía otra vez.

—¿Ya lo has descubierto?

—¿El qué?

—Lo que pasó en 1102. Pensé que era eso lo que en realidad no te dejaba dormir.

Reí por lo bajo. No, eso no me había impedido dormir, pero sí me había retrasado el sueño. Mis conocimientos de Historia eran buenos, pero cierto desprecio por memorizar fechas me había hecho difícil buscar la relevancia de aquélla en concreto. De hecho, al principio había tenido la impresión de que en aquel año no había pasado nada.

—Sí —respondí—, sí lo he averiguado. La caída de Valencia. El final del pequeño reino creado por el Cid.

Laura no dijo nada, y entendí en su silencio que estaba esperando la continuación lógica del razonamiento:

—Está bastante claro que el cartulario se refiere a él. El desterrado. El leal.

Volvió a sonreír, pero en el modo en que lo hizo adiviné que en algo había metido la pata. La suya no era la sonrisa de la confirmación, sino la perversa sonrisa de quien sabe algo más:

—Error —dijo tan sólo.

—¿Cómo que error? Son los apelativos con los que todos los cronistas se refieren al Cid. «Dios, qué buen vasallo, si hubiese buen señor», y todo eso.

—Si la frase sólo dijera «pregunta por la herencia del desterrado» tendrías razón, pero también pregunta por «el paradero del leal».

—¿Y qué?

—Para entonces el Cid llevaba muerto tres años.

—Puede que el Comendador preguntara dónde había ido a parar su cadáver.

—Tonterías. Incluso en aquel mundo sin comunicaciones, todo el mundo sabía en Castilla que el Cid había sido trasladado a San Pedro de Cardeña y que su viuda vivía allí. Hasta circulaba la leyenda de que su cuerpo embalsamado había sido llevado a Cardeña e instalado en las gradas del presbiterio, en un trono cubierto con gualdrapas con las armas de Castilla y León. Nadie habría preguntado por su paradero, y menos un hombre que buscaba algo.

—No conocía esa leyenda.

Laura alzó las cejas:

—¿No? Es de las más bonitas que he oído nunca. ¿Te imaginas la estampa del guerrero muerto, sentado en el trono, la mano reseca y grisácea empuñando el pomo de la Tizona?

Le brillaban los ojos mientras hablaba, y pensé que no había conocido a nadie con tal capacidad para el entusiasmo. Casi sin querer, me dejé arrastrar por aquella imagen sobrenatural.

—¿Y por qué crees que es una leyenda? —pregunté de repente.

El rostro de Laura se volvió súbitamente serio.

—No había en esa época en Castilla nadie que tuviera los conocimientos técnicos para embalsamar un cadáver. Es absurdo.

—Recuerda que él no murió en Castilla, sino en Valencia. ¿Podrías asegurar que los árabes no disponían de esos conocimientos?

Me miró muy seria mientras hablaba. A veces las mujeres te miran muy serias cuando les hablas, y no es fácil saber qué se oculta tras la seriedad y tras el silencio. Un rostro equilibrado de líneas muy finas se vuelve serio, y adquiere una profunda intensidad.

—No, no podría —dijo.

Sobrevino una pausa, una pausa vacía de sonido y llena de mirada. Y, de alguna manera, se me erizó la piel.

—Volviendo al desterrado —recuperó ella el hilo—. No es posible, no puedo dar crédito a la idea de que el abad de Arlanza desconociera dónde había ido a parar.

—Entonces no tiene sentido que dijera eso.

—Error —repitió Laura—. No tendría sentido que lo dijera para referirse al Cid. ¿Por qué iba a ser absurdo referido a otro?

—¿A quién?

Por toda respuesta, Laura me señaló con la palma de la mano abierta, en un gesto evidente: tú mismo.

Me sentí desafiado. No era capaz de saber a qué o a quién se estaba refiriendo, pero fuera quien fuese estaba claro que ella ya había resuelto el enigma. Tan sólo disfrutaba con el juego.

A nadie le gusta perder en un juego. Esforcé al máximo mis capacidades, mi memoria, mi propia fe en mis conocimientos, mientras su mirada se hacía más inquisitiva, más impaciente, más atractiva.

Me estaba distrayendo. Fruncí el ceño, y de pronto, como si se hubiera abierto una puerta, todo estuvo claro:

—Minaya —dije.

Los blancos dientes volvieron a sonreír a la luna.

Me levanté con la sensación de no haber dormido. Y sin embargo, los indicios eran de todo lo contrario: la luz entraba por la ventana tal como nos habían pronosticado. No veía a Silvia por ninguna parte, cualquier ruido en la casa provenía del piso de abajo.

El reloj confirmó que eran más de las diez. Salté de la cama y me tiré de cabeza a la ducha. Veinte minutos después estaba entrando a la cocina.

—Hola, Blancanieves —saludó Silvia.

—Error —dije yo—. No ha habido ninguna princesa que venga a despertarme con un beso.

En el mismo momento en que dije «error», recordé de golpe toda la conversación de la noche anterior, y con el recuerdo me asaltó de pronto la pregunta absurda de si Laura le habría contado a Silvia nuestro encuentro nocturno. Casi no escuché la respuesta de Silvia:

—Dormías feliz —dijo—. Nunca he entendido por qué el príncipe no la dejó en paz al ver lo bien que dormía.

—Como hacían los enanitos —añadió Laura.

Me encadené de nuevo a la conversación:

—No tengo madera de enanito.

—Pues nadie lo diría —dijo Silvia—. Ya me ha contado Laura cómo estuviste buscando diamantes a la luz de un farol.

Así que se lo había contado. Sentí una sorda y necia irritación.

—Ya no quedan diamantes en las minas —dije.

—Qué dramático —Silvia se acercó y me besó en la mejilla—. Anda, ponte algo para desayunar.

Obedecí en un terco silencio, mientras Laura salía de la cocina y llamaba a alguien desde el teléfono del salón. La oí mantener una animada charla, colgar y regresar.

—Ya he hablado con Andrés —dijo—. Nos espera en la iglesia dentro de media hora.

Descubrí con sorpresa que casi me había olvidado de la existencia del cura. Tenía la sensación de que había pasado un siglo desde que lo dejara en la parroquia para ir al lago. Tampoco sabía para qué íbamos a ir a verle:

—¿En qué habéis quedado con él?

—Vamos a repasar los archivos parroquiales. Ya es hora de empezar a trabajar.

Salimos a la calle, y no me sorprendió que desde el primer momento las miradas de la gente nos siguieran. Habíamos venido a romper la rutina, y el desconocimiento de lo que andábamos haciendo los forasteros entre la iglesia y la casa de Laura añadía interés.

Ella iba saludando a cada paso; se detenía a veces para cambiar dos o tres palabras con algún vecino, lo mismo si era un chaval del pueblo poco menor que ella o un anciano que le hacía algún comentario pícaro. Daba la impresión de ser muy popular entre los suyos.

Me llamó la atención ver lo bien cuidado que estaba el pueblo. El día anterior, cuando aún me sentía un transeúnte que no iba a dedicar más de unas horas a aquel lugar, se me había pasado por alto la armonía de las puertas de madera con las casas de piedra, la ausencia de garajes con entrada de chapa, la general limpieza de las calles.

—Tenéis un buen alcalde aquí —comenté.

Laura se volvió a medias y asintió con largas cabezadas:

—Sí que lo es —dijo—. Pero no vayas a pensar por eso que es el maestro, el ingeniero de montes o el director de la sucursal bancaria. Es el carnicero. Y lo es desde hace un montón de años.

Precisamente estábamos atravesando la plaza del pueblo, una clásica plaza con porches, sostenidos por unas columnas redondas que bien podrían llevar allí desde los romanos. Una plaza pequeña como todo el lugar, en pendiente como todo el lugar, pero cuidada y limpia.

Llegamos a la estrecha casa parroquial, y Laura llamó a la puerta con decisión. Nadie abrió. A nuestras espaldas pudimos oír la voz de una anciana:

—El cura está en la iglesia —dijo.

—Gracias, Juliana —replicó Laura.

Nos dirigimos hacia el templo, que con su aspecto de vieja fortaleza era sin duda el edificio más poderoso de la localidad.

Al regresar a la nave cubierta de sepulcros tuve esa sensación que tenemos a veces cuando revisitamos lugares en realidad desconocidos, pero a los que una emoción ha hecho nuestros. Me había sucedido con algunos sitios que sólo conocía por fotografías y por leyendas, espacios mágicos en los que resuena el cristal de una catarata de recuerdos ajenos.

El cura estaba en el altar mayor, cambiando cirios viejos por cirios nuevos, y sin saber por qué me produjo una fuerte extrañeza ver a Ortega ocupado en semejantes cosas. De manera instintiva miré a Laura. Ella levantó la voz:

—Te tengo dicho que necesitas un buen sacristán.

Ortega se volvió, sonrió con paciencia y, alzando el cirio en el aire, respondió:

—No hay más cera que la que arde.

—¿Te podemos echar una mano?

El cura no contestó. Recogió del altar un trapo de

aspecto raído y vino hacia nosotros frotándose los dedos uno por uno.

—Creía que era yo el que os la iba a echar —dijo.

Laura posó una mano sobre las del cura:

—Con eso contamos.

Dejó la mano allí, mientras Ortega detenía sus movimientos y nos miraba. Sonrió ampliamente:

—Buenos días. ¿Listos?

—Como para una carrera de fondo —respondió Silvia.

—Entonces vamos.

Le seguimos hasta la sacristía, y pude ver la cómoda del relato que nos habían hecho el día anterior. Un carpintero había trabajado en ella: lo que habían sido unos bajantes carcomidos estaban ahora reforzados con escuadras de hierro, y los cajones parecían encajar bastante en su lugar. Algunos tiradores eran nuevos, y sin embargo, Laura quiso guardar la emoción del momento, recordar de algún modo aquella otra vez: agarró el tirador de la derecha del primer cajón y me invitó con un gesto a empuñar el otro.

Como todas las cosas que hacía, me afectó. Sentí una tensión especial al poner los dedos en torno a la argolla, al preparar al unísono ese acto que daba paso a lo desconocido. La miré a los ojos y esperé una muda señal.

Abrimos.

X

Estaba atormentado por la circunstancia y complacido por el resultado como muy pocas veces lo había estado en su vida: Mariana y Fernán de Arriaga lo habían recogido a la orilla del río y trasladado hasta un pueblo cercano, donde se habían acogido a posada; allí lo habían cuidado con esmero, encargándose ella en persona de impedirle levantarse del lecho cada vez que abría los ojos.

Al principio no había podido entender el dolor atenazador, hasta que el joven caballero se había sentado junto a él y le había sonreído con indulgencia:

—Tenéis varias costillas rotas, señor de Moncada. No podréis moveros hasta dentro de unos días, a no ser que queráis que vuestros pulmones sean asaeteados por vuestros propios huesos y queden cual cedazo de harina.

La violencia de la agresión había sido mayor de lo que él mismo había sentido mientras le golpeaban. Con expresión preocupada, Fernán había querido saber quién había inferido tal castigo al yacente:

—Bandidos —había respondido éste tras una breve vacilación.

El joven castellano había adelantado el labio inferior con expresión escéptica:

—Extraños bandidos esos que no se llevan nada de vuestra montura.

—Vuestra presencia debió de ahuyentarlos.

—Ni mi hermana ni yo escuchamos nada.

—No soy hombre de gritos.

Arriaga había entendido la voluntad de callar que se escondía tras las parcas respuestas de Moncada, y había dejado de preguntar.

Luego, como era propio de caballero, había traspasado a su hermana la responsabilidad de cuidar del enfermo.

Y ahí había empezado el tormento y el placer. Moncada sufría por estar postrado en una cama, en gran medida inútil, y tener que mantener desde aquella postura conversaciones que, a su forma de ver, requerían apariencia más gallarda.

Se había negado de manera tajante a ser atendido por Mariana de Arriaga, por lo que habían llamado y pagado a una robusta y silenciosa campesina para que le ayudase tanto en las tareas más fáciles como en las más groseras. Limitaba su trato con Mariana a mantener largas conversaciones, una vez que la recia ayudante le había dejado limpio y acomodado.

Moncada disfrutaba de esas conversaciones en tal grado que casi le daba vergüenza. No le importaba el retraso en su búsqueda, ni el hecho mismo de olvidar que tenía obligaciones que cumplir. Ni la completa falta de arrepentimiento por ese olvido. Tan sólo una cosa le inquietaba:

—Es ya la segunda vez que os aparto de vuestra ruta.

Mariana sonrió débilmente.

—No habéis de preocuparos por eso. Os debemos haber visitado a Mío Cid.

—Es posible, pero este segundo aplazamiento es menos grato.

La muchacha se ruborizó.

—No tenemos prisa —balbuceó.

—No creo que sea así. Vuestro hermano ha de cumplir con sus obligaciones para el conde de los Tremedales, y vos…

—El conde entenderá las razones de Fernán cuando se las exponga —respondió Mariana—. Y el convento…

Se interrumpió, y Moncada creyó distinguir una causa en su silencio.

—No tenéis gran deseo de ir a ese convento, ¿verdad? —interrogó.

Esta vez el rostro de la muchacha se tiñó de un rojo violento y súbito.

—La instrucción es precisa en una dama —respondió con voz neutra.

—Hay mil cosas precisas que no son gratas —dijo Moncada.

Pensó entonces en que tal vez en ese momento él era una de esas cosas precisas e ingratas, y calló abruptamente. Mariana volvió la cabeza:

—También puede haber cosas precisas y gratas —dijo, como si le leyera el pensamiento.

Moncada sintió que la emoción le cerraba la garganta. La necesidad le impulsó a hablar:

—Ha sido una bendición encontraros, Mariana.

La joven sonrió con timidez:

—Cualquiera habría podido cuidaros igual.

—No quiero decir encontraros ahora, sino hace unos días, cuando coincidimos en el camino de Cardeña.

El rojo volvió a cubrir las mejillas de Mariana, que no miró al caballero caído en su lecho. Cruzó las manos sobre el regazo y pareció atender obsesivamente las puntas de sus dedos.

—Os lo repetiré cuando pueda levantarme —resonó queda la voz de Moncada.

Mariana asintió imperceptiblemente, se levantó y salió de la habitación.

Desde el quicio de la ventana, por el que se veía una suave lluvia caer sobre un huerto, a espaldas de la posada, Fernán miró a su hermana. Inclinada sobre un paño blanco, repasaba el pespunte de sus bordes con minuciosa atención. Volvió a mirar por la ventana.

Estaba inquieto. Al brindarse a llevar al caballero a la posada, había contado con una noche, dos a lo sumo, antes de que pudiera volver a montar y cada cual siguiera su camino. Iban ya para cuatro las que allí llevaban, y el maduro guerrero no experimentaba mejoría visible.

No así Mariana. Cada mañana parecía más alegre, más desenvuelta que la anterior, hablaba mucho, cosa que nunca antes había hecho, se quedaba abstraída de repente y movía la cabeza.

Fernán no tenía mucha experiencia con mujeres, pero no era de natural bobo. Lo que estaba pasando contravenía sus intenciones para consigo mismo y sus obligaciones para con su hermana.

Es verdad que Moncada parecía un gran señor, en sus modales y en su porte, pero lo que sabía de él era que cabalgaba solo, siempre sumido en sí mismo y que se había visto involucrado en una extraña agresión.

Ni por un instante había creído lo de los bandidos. Los bandidos no asaltan sin llevarse nada. Los bandidos no dejan con vida a un testigo de sus fechorías cuando ven acercarse quien le ayude. Los bandidos no dejan mudo a un hombre como Moncada.

El señor de Moncada ocultaba algo. Sin ocultarlo, ya habría sido una indeseable perturbación en la vida de su hermana. Ocultándolo, era una propuesta intolerable.

Fernán respiró hondo. Temía no hacer honor a sus deberes de caballero, pero no se le dejaba alternativa. Se volvió hacia su hermana.

—Mariana…

La aludida levantó la vista. Su mirada mostraba a alguien tan sereno, tan desprevenido, que el joven titubeó por un momento.

—Prepara tu equipaje. Nos vamos mañana al amanecer.

El sobresalto no fue fingido. La emoción tampoco. Los labios de la hermana se entreabrieron y temblaron, el brillo de los ojos acusó la presencia del agua. Tardó en hablar.

—Adónde —dijo al fin.

—Adonde nos llaman nuestras obligaciones —respondió Fernán.

—¿Acaso no tenemos obligaciones para con don Álvar? —preguntó al fin tras una pausa.

—¿Crees que no las hemos atendido?

Hubo un nuevo silencio.

—No sé si es posible no atender hasta el fin las obligaciones que se contraen.

Fernán giró la vista hacia la ventana.

—El fin ya ha llegado —declaró, rotundo—. Don Álvar puede valerse solo.

—No dices bien, Fernán, él…

—Don Álvar puede valerse solo —interrumpió Fernán—. Él así lo desea y así lo tendrá.

Las palabras habían sido tajantes, secas, y Mariana entendió que se le estaba reclamando silencio. Ofendida, dolorida, pero obediente, bajó la cabeza.

Fernán se apartó de la ventana y avanzó a grandes pasos hacia la salida de la habitación.

—¿Adónde vas? —preguntó Mariana en un hilo de voz.

—A despedirme…, a despedirnos.

Mariana sintió que una enorme campana de aire oprimía su pecho desde dentro.

—Te acompaño, entonces —osó decir.

La solitaria palabra de respuesta le aplastó el alma:

—No.

Moncada abrió los ojos al oír el crujir de las tablas del entarimado. Fernán estaba delante de él, y la expresión ceñuda de su rostro por lo común alegre era ya un mensaje. También él frunció el ceño.

—¿Hay malas noticias, don Fernán? —preguntó.

El joven bajó la vista, sacudió la cabeza como si un moscón zumbara en sus oídos.

—He venido a deciros que mi hermana y yo partiremos mañana hacia Burgos.

Moncada ignoró la punzada en la boca del estómago:

—Os deseo toda clase de venturas —respondió, contenido.

—He pensado que estáis lo bastante recuperado, y...

—Me encuentro ya muy fuerte —interrumpió Moncada—. Mucho me temo, en realidad, que me estaba entregando a la molicie en vez de esforzarme. Vuestra partida será un acicate para mi recuperación.

Fernán no contestó.

—Si algún día venís a las tierras del conde de los Tremedales... —dijo, después de un rato de silencio.

—Será un honor acudir a presentar mis respetos a vuestra hermana. Espero que se encuentre bien.

—Se encuentra muy bien —las palabras brotaron apresuradas—. No viene a despedirse porque no ha querido molestaros.

Esta vez Moncada no supo ocultar su irritación:

—Vuestra hermana jamás podría molestarme. Mas no le digáis nada. No quiero que lo tome a reproche.

Arriaga cambió el peso de un pie a otro, visiblemente confuso:

—Le transmitiré vuestro saludo. Adiós.

Salió sin mirar atrás, dejando a Moncada sumido en la sensación de un profundo cansancio. Reposó unos instantes, casi vencido por la tentación de entregarse al sueño. Luego, con esfuerzo, la mano derecha cogió el extremo de la manta desde su lado izquierdo y la apartó de un brusco tirón.

Las costillas protestaron, vehementes, cuando el cerebro pidió al tórax el impulso preciso para incorporarse, pero obedecieron. El enviado de Roma respiró lo más hondo que su averiado costillar le dejó.

Dio un par de palmadas. A los pocos instantes, la mujer que solía atenderle apareció en el umbral de la estancia:

—¿Mandáis algo?

—Necesito vuestra ayuda —la voz salió más ahogada de lo que había esperado—. He de vestirme.

—¿Vestiros? ¿Para qué, señor?

—¿Quién os ha dado vela en mi entierro? —estalló el caballero.

La mujer se persignó a toda prisa, como si quisiera conjurar el mal fario que la alusión al propio entierro podía suscitar.

—He de vestirme y punto. Y preparad esta noche la cena en vuestro comedor, o en lo que tengáis en vuestra posada.

La mujer se guardó de opinar. Entró a la habitación y recogió a toda prisa las ropas del convaleciente. Con manos temblorosas, se aplicó a la tarea de ayudarle a ponérselas, dando un respingo cada vez que el enfermo torcía el gesto o se quejaba apenas con los movimientos.

Cuando estuvo vestido, Moncada despachó a la mujer. Su sentido del pudor le impedía dolerse ante ella, pero necesitaba emitir cuando menos un gemido, dar curso a algún alivio.

Se le llenaron los ojos de lágrimas por el esfuerzo. Se los secó en silencio, miró por la ventana cómo el sol se ponía y cogió de la silla el cinto con su espada. Probó, por puro hábito, a desenfundarla. La hoja se deslizó fuera de la vaina sin oponer resistencia, pero cuando el brazo derecho alcanzó su lugar más alto, tuvo que resignarse a devolverla a su origen. El pecho aún dolía demasiado.

Tiraría de daga si no podía desenvainar la espada. Ahora tenía cosas más apremiantes en las que pensar.

Tambaleante, salió al bajo pasillo, cuya techumbre haría caminar encorvado a alguien que midiera tan sólo una pulgada más que él. Aun así, ofrecía tal impresión de cueva que la cabeza se metía instintiva entre los hombros. Caminó despacio, paso tras paso, imaginando que el lento asentarse de los pies en la madera carcomida resonaría a oídos de cualquiera como amenazante, como pasos de acecho, cuando no eran más que pasos de lisiado.

Al pie de la escalera estaba ya el pequeño comedor de la posada. Moncada bajó los últimos peldaños, poseído de una postrer esperanza: Fernán había dicho que se marcharían por la mañana. Tal vez podría verlos durante la cena.

En el comedor no había nadie. Paso a paso, con la misma lentitud que lo había llevado hasta allí, Moncada caminó hasta una mesa y se dejó caer en el asiento que miraba de frente la escalera. Resopló.

El posadero se acercó, solícito. Antes de que pudiera decirle nada, Moncada preguntó:

—¿Y el caballero y la dama que vinieron conmigo? ¿No han bajado aún?

El hombre negó con la cabeza, sin dejar de frotarse las sucias manos con un trapo aún más sucio:

—Han mandado subirles la comida a su estancia, señor.

Moncada asintió en silencio.

—¿Queréis que os traiga algo de comer, señor?

El caballero negó con la cabeza, con los ojos puestos en su propia mano abierta sobre la mesa.

XI

Entre polvaredas, hongos que sólo se podían ver como extraños mapamundis sobre las hojas apergaminadas y ácaros vivos que correteaban por entre los papeles, revisamos montañas de documentos sin hallar más que certificados de matrimonio de gente muerta hacía doscientos años, remesas de partidas de bautismo que quintuplicaban la población del pueblo y estadillos de compras y ventas que iban desde la vela para los cirios hasta algún santo de escayola colocado en los años cincuenta a un coleccionista norteamericano.

Estábamos sentados en el suelo, cubiertos por una película de polvo blanco que marcaba las líneas de las manos como si estuvieran bañadas en tiza. Yo dividía mi tiempo entre las hojas amarillentas, los rasgos angulosos y blancos de Silvia y el descuido de Laura apoyando la espalda en la pared, los ojos insaciables rebuscando entre líneas borrosas. Daba la impresión de ser la única que no estaba vencida por el hastío, la única que aún conservaba la fe.

Oí crujir la puerta a mis espaldas, y cuando los tres alzamos la vista fue para ver a Andrés, que se detuvo en el umbral y rio en voz baja moviendo la cabeza a derecha e izquierda.

—Qué espectáculo —dijo—. De tanto buscar fantasmas, empezáis a pareceros a ellos.

—Fantasmas indolentes —dijo Silvia, incorporándose. Se fustigó el trasero con las manos, alzando nuevas nubes de polvo blanco—. Si tardas un poco más, nos hubieras encontrado dormidos.

—¿Tan mala es la cosa?

—Debemos de haber llegado a tu tatarapárroco —dijo Laura—. Otros cuatro curas y estaremos contigo.

—Seis curas —replicó Andrés—. En la Guerra Civil hubo dos en tres años.

—¿Uno de cada bando? —dijo Laura con sorna.

—No. Uno que huyó y otro que se quedó.

—Tu bisapárroco.

Andrés hizo un mohín.

—Vale ya, ¿eh? Estás demasiado sucia para meterte conmigo.

Laura sopló en la cara de Ortega todo el polvo del legajo que sostenía en ese momento.

—En paz —dijo—. Puedo seguir metiéndome contigo.

El cura movió la cabeza con desaliento, como un maestro incapaz de corregir a un estudiante díscolo. Yo asistía esa especie de disputa, y miraba incómodo cómo Laura sonreía al cura, tiznada como un payaso de cara blanca, mientras Silvia me miraba a mí. Laura extendió la mano y trazó con dos dedos sendos surcos en la cara empolvada de Ortega. Él le apartó la mano.

—Esto me pasa por venir a informarme de vuestras necesidades —dijo.

—Lo único que de verdad necesitamos es suerte —intervine yo.

Me levanté despacio del suelo. Me dolía todo.

—Os advertí que era una misión improbable.

—Pero una misión —terció Laura—. Siempre hay que tener una, ¿no?

Se volvió de repente y dejó caer el legajo encima de la mesa. Hubo un crujido seco, como de cuero viejo.

Yo no estaba a gusto. Me sacudí la ropa como había hecho Silvia y decidí salir de allí:

—Voy a ver otra vez a nuestro amigo —dije.

Ya conocía la iglesia como si fuera el salón de mi casa. Salí de la sacristía, recorrí sin ceremonias la silenciosa nave y subí por la estrecha escalera que daba a la capilla de los frescos.

Dediqué unos segundos a los compañeros de nuestro objeto de atención: los hombres que habían acogido entre ellos, para dormir el sueño eterno, a alguien que no era de los suyos; a alguien, de hecho, que había vivido y muerto tiempo atrás, respecto a la historia de la orden.

Luego, volví sobre la pareja del fondo. Los contemplé a los dos: al retratado y al difuminado, al identificado y al innominado.

Desde nuestra conversación nocturna, se me había metido en la cabeza la posibilidad de que el hombre de incógnito, aquel cuyo escudo había sido borrado minuciosamente, pudiera ser Minaya Álvar Fáñez, el compañero del Campeador. No era más plausible que la hipótesis de que mi bisabuelo hubiera sido virrey de las Indias, pero era una oferta estimulante entre el aburrimiento de los papeluchos y los cartapacios. Minaya Álvar Fáñez, cuyo rastro en la historia real se alejaba de forma decepcionante del *Poema del Cid,* del que los testimonios decían que ni siquiera había combatido a su lado tantas veces como decían los juglares, continuaba teniendo a mis ojos una aureola indefinible. La que yo creía su figura borrosa junto a Moncada me inspiraba la idea de que la ficción podía ser más real que la realidad. Apenas sabíamos nada de aquella época sin testimonios, de aquel mundo sin documentos, a cuyos vestigios dábamos interpretaciones. Nuestra fe en ellas no era menos conmovedora que la de las religiones.

Oí a alguien en las escaleras y me volví con rapidez y expectativa.

Era Silvia.

—¿Nos dicen algo tus personajes?

Silvia había empezado a poner en duda que allí fuéramos a encontrar nada. Decía que sin duda la capilla era muy interesante, hasta estimulante, pero que su historia había quedado enterrada en el pasado. Estábamos perdiendo el tiempo.

A mí me molestaba esa actitud.

—No son mis personajes —dije—. Esta gente vivió en su tiempo e hizo cosas.

—Pero nunca sabremos qué cosas.

—Sobre todo si sólo sabemos rendirnos —dije en tono agrio.

Ella se me acercó y me echó los brazos al cuello.

—No nos peleemos —dijo—. Te pones muy tonto.

Me besó, rozándome apenas los labios. Soy una persona sensible al cariño (¿quién no lo es?), pero no conseguía estar cómodo. La aparté suavemente y me volví hacia las pinturas.

—¿Y si Minaya hubiera estado aquí? —dije, tratando de reanudar el hilo de mis pensamientos.

Silvia no contestó. Con los labios apretados y el rostro tenso, me dio la espalda y la oí bajar por la escalera.

Me quedé allí solo un rato más, sin saber qué esperar, tratando de pensar sin conseguirlo. Entonces oí la voz de Laura:

—¡Javier!

Era una llamada, aunque había sido hecha casi en voz baja. Me acerqué a la espiral de escalones.

—¿Qué?

—Baja. Hemos encontrado algo.

El cuaderno tenía las tapas de cartón duro descoloridas y llenas de manchas, las dos esquinas opuestas a la encuadernación estaban retorcidas y deshojadas, pero el cosido —esos viejos cosidos de los viejos pliegos, pensé— se mantenía lo bastante entero como para haber podido asegurar la unión de todas las hojas durante casi cincuenta años.

En su interior, amarillentas páginas blancas cubiertas de escritura puntillosa y ordenada. En la parte superior de cada una había una fina raya roja, como una guía mínima para poder escribir sin torcerse.

El texto estaba escrito en la caligrafía picuda e

inclinada que enseñaban en los colegios españoles de los años veinte, y el paso del tiempo había hecho que la tinta tendiera a engrosar sus trazos en el poroso papel. No obstante, con esfuerzo, era posible interpretar aquellos signos del pasado.

Un simple vistazo a las primeras páginas me había hecho entender por qué Laura se mostraba misteriosa y por qué me había dicho, nada más bajar: «Sobre todo, no puedes decirle nada de esto a Andrés». Estaban fechadas en la primavera de 1937, y empezaban así:

«Escondido aquí, en este pueblo al que apenas llega el eco de la guerra, empiezo a olvidar mi parroquia y mis obligaciones, Dios me perdone. Mi lesión en la pierna hace comprensible a los vecinos que no esté en el frente, y mi inventado puesto de agente del censo, fácil de proponer en un lugar en el que el analfabetismo es tal que nadie está en condiciones de distinguir un documento auténtico de uno falso, ha sido creído por todos. No entienden cuál es mi labor aquí, pero la aceptan en silencio y miedo».

Laura me lo había dado con mirada expectante y expresión tensa, sin rastro de sonrisa ni de emoción, tan comunes en ella, y ante los ojos de una Silvia de brazos cruzados que fruncía el ceño y parecía no querer tener nada que ver con eso. Después de mirar de hito en hito a la una y a la otra, pregunté al fin:

—¿El cura huido? ¿El antecesor del bisapárroco?

—Puede ser. Pero eso no nos importa —dijo Laura en tono de impaciencia.

—Y si no nos importa, ¿por qué no quieres que lo vea Andrés?

—Porque él preferiría que no lo leyéramos antes que él.

—Lógico —terció Silvia.

—Pero peligroso —respondió Laura—. Podría objetar que se trata de una propiedad de la iglesia y decir que no tenemos derecho a leerla.

—¿Y acaso no es así? —insistió Silvia.

La verdad es que yo me inclinaba a pensar que tenía razón, pero en aquel momento lo que más me ocupaba la cabeza no era eso: el hecho de que Laura, que siempre hablaba tan bien de Andrés y que se llevaba tan bien con él, quisiera ahora mantenerlo a distancia, hacía que se encendieran en mí las alertas.

—¿Por qué tendríamos que negárselo? —dije, suspicaz, y levanté el cuaderno—: Esto puede ser interesante, pero no tiene nada que ver con lo que buscamos.

Laura no movió un músculo, pero de alguna forma logró que su rostro inmóvil expresara decepción. Me quitó el cuaderno con tanta suavidad como determinación, con el claro propósito de no dañarlo, y pasó algunas hojas en busca de algo, mientras de las páginas amarillentas se levantaba una niebla de décadas. Se detuvo de pronto y, dando la vuelta al texto, me lo presentó. Lo cogí, expectante, y leí:

«Mi traición a mis votos y a mis deberes se hace aún más innoble cuando leo las páginas del texto de Moncada».

Levanté la cabeza, supongo que con los ojos muy abiertos, para ver otra vez la sonrisa cómplice y triunfante de Laura. Miré a Silvia:

—¿Has visto esto?

Ella torció el gesto:

—No he querido verlo.

—Pues deberías.

—¿De qué habla? ¿Se llevó el dinero del cepillo?

Fruncí el ceño y volví al texto. Había que leerlo con atención, aunque estaba claro que el predecesor de Andrés Ortega había encontrado en su parroquia un documento de nuestro hombre. Nos concernía, por tanto.

¿O no? ¿Qué clase de locura hacía que de pronto aquel hombre enterrado en un pasado oscuro tuviera preferencia sobre la amistad entre Laura y Andrés, sobre las normas de comportamiento más elementales, sobre la mera decencia? Cerré el cuaderno.

—Andrés tiene derecho a verlo —dije.

En el rostro de Laura se operó una transformación inesperada. Había temido un nuevo gesto de decepción, pero lo que vi fue una mezcla extraña de sorpresa y de rabia. Alzó las cejas, entreabrió los labios, las aletas de su nariz vibraron un instante.

Luego, tan rápido como el cambio se había producido, desapareció. Con gesto totalmente sereno, únicamente bajó un poco los párpados antes de decir:

—Quizá tengas razón.

Silvia continuaba con los brazos cruzados, apoyada en el borde de una mesa. Mantenía el rostro serio de los últimos minutos.

Me levanté y tendí el cuaderno. Lo tendí como se hace en esos cuentos góticos en los que alguien tiene que desprenderse de una tentación demasiado fuerte. Antes de que ella lo aceptara, Andrés entró:

—¿Habéis encontrado algo?

Entonces Laura volvió a ser Laura. La sonrisa que en tan poco tiempo se me había hecho tan familiar iluminó su cara una vez más. Estiró el brazo y apoyó una mano cálida en el hombro del cura:

—Sí. Y creo que te va a interesar.

Ortega frunció el ceño mientras cogía el cuaderno de mis manos aún extendidas. Sin abrirlo, lo miró por el derecho y el revés. Sopló el polvo de sus cantoneras y nos miró de hito en hito.

—¿Qué es?

—El diario de uno de tus antecesores. El cura huido.

La frente de Andrés se llenó de arrugas. Vi que los dedos apretaban un poco el cuaderno cerrado. Pero siguió sin abrirlo.

—Andrés —Laura había adoptado el tono serio de quien va a formular una propuesta—, no lo hemos leído entero, sólo lo hemos hojeado. Es que, además de sus propias… confesiones, contiene información del caballero de la capilla. Nos interesa.

La frente del cura se alisó. La mano con el cuaderno se elevó hacia Laura:

—Entonces toma. Léelo y luego me lo devuelves.

Hubo un segundo de perplejidad. Laura rompió el silencio:

—¿No te importa que sepamos lo que dice? Cosas de la iglesia, quiero decir.

Ortega negó con la cabeza.

—Nunca hay que temer al pasado —sentenció.

XII

Todavía dolía un poco el pecho, pero era bueno volver a sentarse a horcajadas de una montura dócil, hermosa y rápida. Era bueno sentir el viento en la cara, notar la crin sedosa del negro animal azotando las manos que empuñaban las riendas.

Cabalgar aturdía. Lanzarse a galope contra el enemigo era un momento de absoluto aturdimiento, de total estupor, un momento en que el ruido, el viento y la tensión lo ocultaban todo, concentrando hasta el último de los sentidos en la crucial tarea de sobrevivir.

Cabalgar aturdía. Por eso era bueno cabalgar ahora, cuando la cabalgada podía encubrir la rabia.

Se lanzó cuesta abajo por una ladera, notando que empezaba a pedir demasiado a sus costillas, escuchando los cascos del corcel resbalar en las piedras y en la arena, sintiendo más que oyendo su ligero relincho de queja.

Luego, como ocurría siempre en el galope, llegó un momento de serenidad; redujo el paso, dejó de espolear a su montura y empezó a pensar con claridad.

Ante todo, tenía que ser capaz de separar en sus

pensamientos a Mariana de sus tareas. Le consumía el deseo de volver a verla, pero un caballero no va donde sus iguales le han pedido, sin ofenderle y con nobles maneras, que no vaya.

Así que no iba a volver a verla. Picó espuelas, furioso, y lanzó al caballo en un loco galope un trecho más.

Retornó la templanza. Minaya. Tenía que poner su mirada en Minaya. Sólo él conocía las respuestas. A él trataban de ocultar los otros con sus negativas. «No sabemos dónde está». «No sabemos nada». Minaya.

El disgusto invadió su boca seca, sus labios apretados y su estómago vacío. Otro cualquiera tal vez habría pensado que llegar hasta esa conclusión implicaba un progreso en sus indagaciones, pero él sabía muy bien que lo que realmente significaba era que había vuelto al principio, porque desde el principio sabía que Minaya había sido el factor de lo ocurrido en Valencia, el dueño del secreto, si lo hubiera, el autor de la idea originaria. Sabía que no sabía más que lo que siempre había sabido.

¿Dónde estaba Minaya?

Conforme el caballo trazaba su ruta por los senderos, la mente de Moncada se ordenaba en torno al eje de sus pesquisas. Después de la caída de Valencia, y de acompañar a Jimena a Cardeña, el rastro de Minaya se había perdido. Por tanto, la pregunta fundamental no era otra que ésta: qué debía hacer para encontrarlo.

Recordó las palabras del prior de Arlanza: «...Martín Antolínez y Pero Bermúdez han pasado al servicio del rey, lo mismo que Félez Muñoz. Como es natural, don Alfonso los ha repartido por las fronteras. No es bueno que hombres tan acostumbrados a la indisciplina estén juntos…».

Meditó sobre ellas. El grupo separado, los hombres del Cid dispersos. No tenía sentido, por lo tanto, que buscase a Álvar Fáñez junto a Antolínez, Muñoz o Bermúdez. Supondría una pérdida de tiempo, enmascarada por la facilidad de encontrarlos a ellos.

Las fronteras, pues. El reino las tenía en abundancia, sin contar con la hipótesis de que el rey Alfonso hubiera puesto a Minaya a las órdenes de algún taifa tributario suyo.

Sin embargo, la fama señalaba como un faro el lugar de los hombres de Mío Cid. Era fácil saber dónde encontrar a Martín Antolínez; tan sólo era preciso preguntar por él. Pero nadie sabía contestar dónde estaba Minaya.

Por consiguiente —*quod erat demonstrandum,* recordó que decía un preceptor suyo, en su lejana infancia—, no podría encontrar a Álvar Fáñez en ninguna frontera conocida. La fama ya se la habría indicado. Si no lo había hecho, era porque no estaba en ningún lugar al alcance de la corte, al alcance de los demás soldados, al alcance de la fama.

Minaya Álvar Fáñez había desaparecido, y si tenía que buscarlo era allá donde menos pudiera pensársele.

Y empezó a cavilar, mientras el caballo, agradecido a sus cavilaciones, que apartaban su atención de las riendas, relajaba el paso y empezaba a andar a un trotecillo suelto interrumpido por algunos instantes de simple y sencillo caminar ligero. Moncada no trató de picarle espuelas. Sus ojos miraban al horizonte sin verlo.

Un sitio imaginable para un guerrero noble y corajudo. Un amo o un afán indeseable.

Apartó la idea de sus pensamientos. No se podía llegar a tanto en busca tan sólo de un escondite. No podía imaginar a Álvar Fáñez al frente de una partida de bandoleros ni al servicio de un infiel.

Aunque sí —la idea iluminó sus afanes con la rapidez y brevedad de un relámpago—, tal vez, al servicio de una causa noble encabezada por un amo innoble. Una causa en la que él pudiera emplear su energía en la sombra sin comprometer su rectitud.

Un amo como los que con tanta frecuencia se hallaban en la nobleza de frontera. Nobleza de ruines aspiraciones, de la que quería medrar a la sombra de la constante batalla, y obtener cuando menos el saqueo, si no se conseguía obtener más. La compañía perfecta para olvidar un pasado de gloria.

El caballo se había detenido en un regato, y mordisqueaba las frescas hierbas que crecían al amparo de su humedad. Levantó la cabeza y resopló, nervioso, cuando su amo apretó sin querer las rodillas.

Nobleza baja, que no baja nobleza. O las dos cosas.

Volvió grupas de un brusco tirón. Y su montura supo que le esperaba otra larga cabalgada.

El convento ocupaba una enorme extensión de terreno adosado a la muralla, altos tapiales hacia la ciudad, altísimos sillares hacia el campo. Acostumbrado a pensar en guerrero, Fernán imaginó las paredes exteriores, opacas como piedras, alumbradas tan sólo por la luz vertical de las aspilleras que darían espacio a los arqueros en caso de urgencia.

En la puerta, Mariana luchaba por contener las lágrimas. No había dado paso a tal estampa durante todo el viaje, y por eso Fernán se mostraba confuso y prefería que su mente se perdiera por almenas y muros.

—Te cuidarán bien —fue capaz de decir.

Para su desconcierto, sus palabras abatieron las últimas defensas de su hermana, que rompió a llorar. Se cubrió la boca con ambas manos.

Fernán no dijo nada. Junto a su hermana, la monja que había salido a recibirlos esperaba impertérrita, con la vaga sonrisa en los labios de quien ha visto mil y una veces la misma escena.

—Adiós —dijo Fernán.

Un sollozo ahogado le dio respuesta. Apresurado, prestando atención al crujir de las suelas de cuero de la loriga sobre los guijarros, Fernán se alejó de un pasado que, para él, no era sino un preparativo, y de un amor fraternal que no era más que la última debilidad.

Le habían dicho que el conde de los Tremedales estaba acampado en la frontera. Desde allí, hacía expediciones de saqueo dentro del reino moro de Zaragoza, debilitando incansablemente la fortaleza del infiel. A Fernán le habían contado que muchas veces —cosas del gobierno de los reinos— Castilla negaba responsabilidad alguna sobre tales desafueros, así que él debería aprender a obedecer y callar.

Estaba preparado para hacerlo. El feliz momento de desenvainar la espada para herir era el colofón de un largo aprendizaje, la piedra de toque de su condición de caballero. Lo esperaba impaciente. Cabalgó alejándose de su hermana. Cabalgó hacia una vida que por fin era suya.

No le llevó más de una jornada, incluyendo en ella los necesarios descansos para su montura. Acampó varias veces para tomar un mendrugo de pan y dar agua y refresco al animal, y al atardecer divisó las hogueras recién encendidas de su destino.

Le sorprendió desagradablemente que no hubiera guardias en torno al perímetro del campamento. De hecho, no había ningún perímetro, sino una sucesión de fuegos dispersos en torno a los cuales se congregaban sucios hombres de armas de rostros callosos y barbas hirsutas entreveradas de cabellos blancos. Al resguardo de una elevación, una raída tienda de campaña de gran tamaño cuya tela había estado formada por franjas blanquirrojas, ahora de un granate desvaído, señalaba el sitial del jefe de aquella…

De aquella partida de desarrapados, completó a duras penas Fernán su pensamiento. Desde que había empezado a caminar entre ellos, le seguían miradas hostiles y despectivas, que se fijaban en las largas crines cepilladas de su caballo y, sobre todo, en las alforjas que adornaban su cruz y su grupa.

Se esforzó por mantener una expresión severa mientras se encaminaba hacia la tienda. Cuando descabalgó y ató el caballo a un poste —volvió a desagradarle que tampoco en la tienda hubiera guardias, ni criados, ni nadie que pudiera anunciarle—, no consiguió tenerlas todas consigo respecto a la seguridad de sus propiedades. Confió en que el caballo relinchara si personas ajenas se acercaban a él.

Levantó el trapo que hacía las veces de puerta de la tienda.

No tuvo que acostumbrar los ojos a la falta de luz. En el poste central que sostenía la frágil construcción había una corona de antorchas listas para alumbrar la noche. Por el momento, tan sólo una estaba encendida, pero además de su olor acre a humo desprendía un chorro de luminosidad que superaba la ya declinante del exterior.

Alrededor del borde de la tela había tiradas ropas, armas, arcones cerrados, uno abierto del que sobresalía un carcaj vacío, y en el lugar más alejado de la entrada —Fernán calculó que tocando con la pared de roca de la elevación— había un lecho de no pequeño grosor.

Un hombre se sentaba a los pies de este. Como los demás que había visto, lucía una barba hirsuta y enmarañada enredada de grises y blancos, y unos largos cabellos sólo un poco más negros. Tenía el rostro surcado de profundas grietas, y una expresión salvaje e inamistosa. Alzó la vista al ver que se alzaba la cortina de la entrada, pero no dijo nada.

—Lamento molestaros, excelencia —Fernán titubeó. Si aquél no era el conde de los Tremedales, estaría incurriendo en pecado de ridículo—, pero no había nadie que pudiera anunciarme.

—No hay nadie aquí para anunciar a nadie —dijo el hombre sentado—. Las maneras de la corte se tienen que guardar para la corte. Anúnciate tú.

—Soy Fernán de Arriaga.

El guerrero sentado se levantó. Tenía una imponente estatura, una ancha envergadura y el aspecto de un hombre cuya fortaleza empieza a convertirse en mera reciedumbre. Se pasó una mano por los cabellos.

—El chico Arriaga —dijo—. Es verdad que te estaba esperando. ¿Por qué has tardado tanto?

—Tuve que ir a Burgos a dejar a mi hermana en un convento.

El rostro del guerrero se ensombreció.

—Burgos está tan sólo a una jornada, te has retrasado tres. Si vas a entrar a mi servicio, no puedes mentirme.

Fernán titubeó. Le parecía enojoso e indigno extenderse en demasiadas explicaciones:

—Me detuve a ayudar a un caballero en dificultades.

Tremedales no contestó. Adelantó el labio inferior mientras cabeceaba imperceptiblemente:

—Es una razón —convino. Cambió de tema—: ¿Sabes que estamos en campaña contra los moros?

—Ardo en deseos de sumarme a ella.

—Entonces a caballo. Partimos ahora.

Fernán no se movió del sitio.

—¿Ahora? —repitió.

—Ahora. Los cogeremos durmiendo.

Pasó junto a él y salió de la tienda, y Fernán escuchó su poderosa voz llamando a los hombres a la batalla. A través de las telas escuchó el estrépito de los soldados al ponerse en pie, al recoger las armas con ruido de metales que se rozaban. Él seguía sin moverse, incrédulo.

Sorprender a personas que dormían iba contra las

leyes que le habían enseñado. Se sintió presa de una gran confusión.

La cortina volvió a levantarse, y el conde señaló por encima de su hombro:

—Aligera ese caballo. Puedes dejar las alforjas aquí.

—Señor…

—¿Qué pasa? ¿Es que no quieres venir conmigo?

Fernán bajó la cabeza.

—Claro que quiero ir —murmuró.

—Pues andando.

XIII

«El documento que encontré en el sótano de la iglesia, y que llevo conmigo desde entonces, se ha convertido en una preocupación cuando no pretendía que fuera más que una fórmula para rellenar los ratos de ocio»...

—¿Sótano? ¿Qué sótano? —interrumpió Laura.

—Tal vez no se refiera a *esta* iglesia —dije alzando la vista.

Su gesto y sus labios apretados me respondieron suficientemente. No pensaba insistir por el momento, pero no daba crédito a mi interpretación.

—Sigue leyendo.

Seguí:

«...ratos de ocio que se han ido haciendo cada vez más frecuentes. Esta guerra no será en absoluto cosa de pocos meses, y el sufrimiento y la muerte podrían instalarse a vivir entre nosotros. Si eso llega a ocurrir, mi ministerio entre los hombres perderá su sentido, mi cobardía ocupará toda la extensión de mi vida y mi existencia no tendrá el contenido que un día le di, y quedará por tanto desocupada, a no ser que halle con qué rellenarla.

Es un hecho que ahora la estoy rellenando con otra vida, la de un hombre que a lo largo de las primeras páginas llegué a considerar criatura de ficción y engendro de una mente ingeniosa, pero que poco a poco voy aceptando como testigo, vivo en su día, de una realidad que contribuye a mi vaciamiento.

No sé quién fue este Álvar de Moncada. No hay apenas señales en el texto de su propia vida y de su condición, más allá de ese encabezamiento enigmático ('Yo, Álvar Montcada, Comendador de las Sombras…') cuyo alcance se me escapa por completo. El documento da en algunos pasajes la sensación de ser una especie de informe o rendición de cuentas, ignoro a quién o ante quién, pero lo que sí sé es a qué se refiere. Y su contenido me ha dejado perplejo»…

—Tenemos que encontrar ese documento.

Silvia soltó un bufido:

—Laura, tal vez no exista.

—Claro que existe, el bisapárroco lo leyó.

—Quiero decir que tal vez *ya* no exista. El propio diario estaba aquí perdido…

—¡Exacto! En el mismo lugar en el que estaba él puede estar el texto al que se refiere.

—¿No te parece que sería mejor esperar al final de la lectura? Normalmente los textos ofrecen información. En algunos casos, hasta se leen para eso.

Había un tono de rabia en la voz de Silvia que a duras penas se soterraba bajo la forma de argumento.

Me sentí molesto y agredido e intervine en la disputa dialéctica de ambas:

—De nada sirve leerlos si en realidad no se quiere saber —dije.

Se levantó y salió dando un portazo.

Laura me miraba. La melena cobriza velaba el norte de sus ojos, las manos reposaban con tranquilidad sobre la mesa, entrecruzadas en floja expectativa. Pude ver que sus labios estaban cerrados, pero no apretados. Se abrieron de pronto:

—Sigue.

«…perplejo y confundido, porque es un contenido que me atañe. Es terrible pensar que no lo hubiera hecho hace unos meses, cuando me sentía seguro de mí mismo, de mi fe y de mi fuerza. Ahora… esa historia de ocultaciones se clava como una espina en mi propia ocultación. De seguir en mi iglesia, de haber podido atender a mis obligaciones como lo hacía hasta hace poco, no me habría parado a pasar estas páginas marchitas de bordes más dentados que filosos. Se las habría entregado al bibliotecario para que las guardara donde le pareciese más conveniente, o las habría devuelto al sótano de donde salieron.

En cambio, en mi actual situación me duelen. Soy un fugitivo, como Minaya. Soy alguien que oculta un secreto».

—¡Minaya! —exclamé.

Laura alzó la vista con expresión triunfal:

—El leal —confirmó—. ¡Sigue leyendo!

«El texto es un descargo de conciencia de un hombre que tuvo que guardar silencio. Su lectura me hace tambalear. Me siento culpable.

He abandonado a mis feligreses, y la conciencia de que, de no hacerlo, habría corrido peligro es, lejos de ser un consuelo, una carga más para mi alma atormentada. Me doy explicaciones, me doy excusas, y este texto, escrito por alguien que, usando la jerga de los canonistas de Roma, recuerda la figura del abogado del diablo, las pone todas en tela de juicio y me amarga la vida que me queda».

Ortega hizo acto de presencia en ese instante. Tuve la misma sensación que habría tenido si me hubieran pillado fumando a escondidas, mezclada con una impaciencia cuyo origen no sabía precisar. Laura no reaccionó como yo. Se puso en pie de un salto y acudió al encuentro del cura. Yo me encontré ridículo con el manuscrito abierto sobre la mesa. Me levanté también, e igualmente me sentí ridículo levantado, porque no tenía nada que hacer en pie.

—¿Qué tal esa lectura?

El tono de Ortega seguía siendo jovial, el de siempre; no parecía dar a lo que hacíamos la menor importancia, y por primera vez —reconozco que fue un pensamiento rencoroso— me pregunté si detrás de aquel aspecto inteligente y abierto no se ocultaba un hombre satisfecho con sus cirios, sus misas y sus bendiciones en los entierros.

Laura alzó la cabeza con vivacidad.

—¿Y tú? ¿Qué tal la mañana?

Me irritó la pregunta. ¿Cómo demonios le iba a ir la mañana?

—Bien, bien —contestó Ortega—. Y a vosotros, ¿cómo os va la lectura?

La repetición de la pregunta me hizo plantearme si detrás de aquel desinterés no habría una curiosidad muy bien contenida. Reaccioné de manera infantil:

—Tal como suelen ir las lecturas.

Ortega sonrió de oreja a oreja:

—Eso es lo que yo llamo una respuesta informativa —se volvió hacia Laura, que me miraba con ojos sombríos—. Llámame si necesitas algo.

—Habremos terminado dentro de poco. ¿Comemos juntos y lo comentamos?

Sentí la propuesta como un menosprecio a mí, algo que Ortega acrecentó de manera implacable al preguntar:

—Si os viene bien a todos…

Yo iba a decir que le preguntaría a Silvia, para ganar tiempo, pero Laura se me adelantó:

—Claro que nos va bien. ¿A las dos y media?

Ortega asintió y volvió a irse, dejándome la sensación de que algo que me alteraba estaba llegando a su límite.

—No sé si habremos terminado para las dos y media —dije.

—¡Y tanto que sí!

Se sentó a mi lado, y cuando inclinó el rostro sobre el cuaderno observé su perfil sombreado por los cabellos sueltos que se le venían a la cara. Sentí el calor de su brazo rozando el mío, y el olor intenso de su perfume. De pronto me di cuenta de que ése era el olor que llenaba su casa, el olor a ella.

Sus labios se entreabrieron en esa sonrisa que se me había hecho tan necesaria, y me ordenó simplemente:

—Sigue leyendo.

«De hecho, me tienta no seguir leyendo. No quiero saber más. No quiero saber nada de renuncias, traiciones y silencios. No quiero sufrir más. No soy más que un hombre.

Tampoco puedo ignorar la responsabilidad que me alcanza por este manuscrito. Estamos en guerra, en un tiempo que no sólo pone en riesgo a las personas, sino el patrimonio de las naciones. Debo buscar el modo de preservar este documento de la forma más conveniente: de manera que siga siendo secreto, pero no se pierda. Así es como supongo que se han llenado los archivos de la Iglesia a lo largo de los siglos: preservando el conocimiento para quien puede acceder a él, ocultándolo a los ojos de quienes no deben verlo… Y se me ocurre un lugar adecuado».

A las dos y media habíamos terminado. Volvíamos a estar en el mismo restaurante, pero sobre la mesa que había acogido risas el día anterior pendía una campana de tensión. El semblante de Silvia había pasado a una sorda angustia. Laura estaba nerviosa, no paraba quieta. Y yo me sentía presa de una profunda laxitud.

Tan sólo Andrés Ortega parecía no darse por enterado ni de la tensión ni de los rostros que le rodeaban. Comía con evidente placer, intercambiaba chascarrillos con otros parroquianos y no se inmutaba ni ante las palabras ni ante sus dobles sentidos («Qué bien acompañado va usted hoy, señor cura»). Ni ante los silencios.

Aguantó impertérrito la curiosidad —yo pensaba que tenía que sentir curiosidad— hasta las natillas que precedieron al café.

Lo cierto es que fue Laura la que tuvo que romper el espeso mutismo. Dejó de pronto a un lado la cucharilla, apartó el cuenco de pardo barro, cruzó las manos sobre la mesa y dijo, mirándose las uñas de los pulgares:

—Ya hemos terminado de leer el diario de tu antecesor.

Ortega no levantó la vista de la fase final de las natillas:

—¿Ah, sí? —se limitó a decir.

—Sí. No fue muy buen cura.

Si se trataba de un anzuelo, Ortega no picó. La miró directamente a los ojos y sonrió una vez más:

—Nunca es fácil ser un buen cura. Es de suponer que mucho menos aún en las circunstancias que a él le tocaron.

—Huyó de su parroquia. De tu parroquia.

—Tal vez era la única manera de salvar la vida.

Me empezaba a irritar tanta impasibilidad. Pasé al ataque:

—¿Y sus feligreses? Quizá ellos no tuvieron tan fácil huir.

—Quizá ellos no tenían por qué hacerlo. No se puede juzgar sin conocer el detalle de los hechos.

—Espera —Laura intervino, y me dio la impresión de que sólo lo hacía por interrumpirnos—. Se trataba sólo de un comentario. A nosotros no nos importa la actitud de aquel cura.

—De ningún cura —remaché yo.

Ortega me miró a los ojos, mientras yo me preguntaba qué me estaba pasando. Laura y Silvia también me miraban. En los ojos de Laura había sorpresa, y una honda tristeza en los de Silvia.

—Me parece muy bien —parpadeó apenas Ortega—. Decidme entonces de qué estamos hablando.

—De lo que decía en su diario acerca del Comendador de las Sombras.

Me latían las sienes. El aire se había convertido en una papilla masticable. Mi propia boca, en un almacén de estropajo.

—De los secretos de tu iglesia —dije sin saber cómo.

Ortega volvió a mirarme. Se le había ensombrecido la mirada, pensé con salvaje alegría, el grano estaba a punto de reventar. Una vez más, me equivocaba:

—Qué bien —contestó el cura—. Regentar una iglesia que no tenga algún secreto no tiene emoción. ¿Me vais a contar cuál es?

Laura nos miraba con cara de pasmo. Aguanté, consciente de que Ortega había hecho una pregunta.

—Tu antepasado…

—Si podemos llamarlo así —interrumpió el cura con una risita.

—Sí, si podemos llamarlo así. Bueno, él, como sabes, habla en esa especie de diario de un texto que a su vez escribió ese caballero que parece estar enterrado en la iglesia.

—Bien. ¿Y qué dice?

—No dice nada. Bueno, sí. Dice que aquel texto dice cosas que a él le hacen dudar de sus convicciones.

—Emocionante. ¿Qué cosas?

—No lo cuenta. Según dice el diario, no terminó de leer el códice medieval.

—Fantástico. Y ahora me vais a pedir que pongamos patas arriba el resto de la iglesia para buscar el texto del caballero, ¿verdad?

Laura, Silvia y yo nos miramos.

—No —dijo Laura en voz baja.

Por vez primera, Ortega se mostró interesado. Se echó sobre la mesa y enlazó las manos sobre el tablero:

—¿Ah, no?

Laura negó con la cabeza. Nadie dijo nada más.

—¿Por qué no? —preguntó el cura.

—Porque sabemos dónde está el texto.

Ortega asintió suavemente.

—Te lo ha contado mi bisapárroco, como tú dices.

Laura respondió con idéntico gesto de la cabeza.

—Y supongo que tú le concedes todo el crédito.

Eso me sublevó. Después de dejarnos leer aquel manuscrito como si fuera un acto de generosidad por su parte, Ortega insinuaba que tal vez era falso. Que habíamos estado leyendo un cuento. Contesté en tono agrio:

—¿No te parece un truco muy viejo?

—No —respondió con expresión reconcentrada.

—Andrés —la voz de Laura era suave y tranquila—, sabes que no tenemos motivos para dudar de la autenticidad del documento. Nadie escribe relatos para esconderlos en una iglesia.

—Parece que aquí sí —intervino repentinamente Silvia—. Hasta los hay a pares.

Todos la miramos. Ortega se rascó, pensativo, la aleta izquierda de la nariz antes de proseguir:

—Supongamos que el texto es auténtico. Si me estáis dando tantos prolegómenos, en vez de ir sin más a buscarlo y leerlo, está claro que vais a decirme que está en algún sitio de difícil acceso.

—O de difícil acceso para ti —respondió Laura con suavidad.

Ortega parecía haber perdido todo interés en las maniobras dilatorias. Preguntó escuetamente:

—¿Dónde?

Laura no apartó los ojos de él cuando respondió:

—Dentro de la tumba del caballero desconocido. Donde se detiene la luz.

XIV

Entraron en el pueblo como un raudal de hierro, abatiendo a lanzazos a los primeros hombres que habían acudido a la defensa al oír el estrépito de los caballos, prendiendo con antorchas los techos de paja de cada casa que iban encontrando al paso. Por donde entraba hierro salía fuego.

Como atrapados en conejeras, los habitantes de las casas incendiadas huían del calor y el humo que se abatía sobre ellos y corrían fuera. Allí encontraban las lanzas y las espadas de los agresores, o se veían rodeados de pronto por dos o tres de ellos que les arrancaban sus bienes y la vida en despiadada cronología.

Paralizado, entumecido, Fernán asistía presa del horror a lo que estaba viendo. La espada que había pensado desenvainar con honor brillaba limpia a la luz de las llamas; no encontraba ningún adversario con quien medirse. El vendaval de los asesinos lo abatía todo sin dar pie a la lucha, sin ofrecer espacio a la hidalguía.

Vio de pronto a un guerrero que se mantenía apartado de la contienda. Se había quedado a la entrada del pueblo, y esperaba encorvado sobre el cuello de su cabalgadura, con las manos cruzadas sobre el arzón. En su rostro había una expresión de profundo disgusto que, sin embargo, en nada alteraba su inmovilidad perfecta. Se limitaba a observar en silencio y con desaprobación.

Apenas unos segundos después, se irguió en la silla. Sus ojos miraban algo en concreto, y siguiendo la ruta aérea que trazaban Fernán vio que del otro extremo de la población venía, a pie y a la carrera, un grupo de hombres armados con alfanjes y escudos redondos. La primera defensa mínimamente organizada.

El guerrero desenvainó y picó espuelas. Sin saber por qué, Fernán le imitó e hizo que su montura se emparejara con la suya. El desconocido le miró un instante. No hubo tiempo de más. Se lanzaron contra el grupo de defensores.

Era un grupo nutrido, tal vez ocho hombres, pero los caballos les daban ventaja. Desbarataron el orden cerrado de sus adversarios, fueron abatiéndolos uno a uno.

Cuando sólo quedaban tres, el desconocido descabalgó, y Fernán le imitó una vez más. Emprendieron un áspero combate cuerpo a cuerpo, cara a cara, en igualdad de condiciones, y por fin Fernán logró controlar el asco que le había embargado y empezó a poner en práctica sus conocimientos, sintiendo el combate como un empeño noble.

Su adversario en ese instante era un hombre maduro de estatura mediana y rostro enmarcado por una barba negra y apretada. Luchaba con nerviosa desesperación.

Miraba más allá del propio Fernán, a la carnicería que se desarrollaba a sus espaldas, y el joven Arriaga comprendió que él y el desconocido se interponían en su deseo de ayudar a los suyos, que los miraba sólo como a un obstáculo que vencer para prestar auxilio.

Volvió a sentirse mal. Oía a su espalda los gritos de espanto de mujeres y niños, el crepitar de las llamas incendiando las pobres posesiones, el clamor de la injusticia.

Bajó los brazos. Por un momento, la sorpresa detuvo también al árabe. Luego, se recobró y alzó el alfanje para matar a Fernán.

Hubo un fuerte chispazo cuando la hoja resbaló sobre otra que se había interpuesto en su camino. El árabe giró, emitió una exclamación de rabia y se enfrentó a su nuevo enemigo.

El guerrero desconocido se había lanzado sobre él, acosándolo con insólita furia. Fernán vio cómo cruzaban espadas, luchadores parejos en experiencia y energía.

Casi no vio el final del combate. Sólo alcanzó a saber que, de repente, el guerrero estaba inmóvil ante él, con la espada en la mano y los brazos caídos a lo largo del cuerpo, respirando ruidosamente. Le miraba con gesto de profundo interés.

—¿Qué fue? —preguntó de repente—. Puedes ser sincero conmigo, estamos solos y no lo diré. ¿Por qué estabas dispuesto a dejarte matar?

Fernán no respondió. Sus ojos encontraron los del caballero y buscaron en ellos la respuesta a su propia pregunta.

Volvió la cabeza hacia el poblado. Los asesinos habían terminado su siniestra tarea, y se retiraban dando gritos de júbilo. Entre ellos, Fernán vio a Tremedales agitando una gran bolsa de piel cuyo contenido tintineaba, tal vez las posesiones de alguno de los muertos que los rodeaban. Miró nuevamente al caballero:

—Dios no estaba con nosotros —respondió.

El desconocido se pasó la lengua por los labios resecos. Se agachó a limpiar la espada con un puñado de hierba, la envainó y dijo:

—No. Ni tampoco con ellos.

Le volvió la espalda, y Fernán se sintió de repente abandonado y solo. La vida le parecía cargada de un peso que nunca había sospechado en ella.

Caminó por entre las nubes de humo negro hasta encontrar su montura. Se había apartado del intenso calor y pastaba tranquilamente la hierba que crecía entre unas piedras. Fernán enroscó las manos en las bridas. Se dio la vuelta.

Tremedales estaba a diez pasos de él. Ya no llevaba la bolsa grande. Levantó el sucio guantelete de hierro y le hizo una seña para que se acercara.

—Te he visto junto a ése —dijo sin precisar más, pero Fernán supo de quién hablaba—. Has luchado bien.

El elogio le supo a metal oxidado. Se encogió de hombros.

—Si más tarde vienes a mi tienda te daré tu parte en el botín. Te la has ganado.

Fernán contuvo el ansia de escupir el óxido.

El guerrero desconocido se mantuvo toda la noche al margen del resto del grupo, que celebraba su triste victoria haciendo correr el vino en torno a las hogueras. Fernán lo vio limpiar, concienzudo, sus armas con la cabeza baja mientras los otros gritaban, comían y bebían y se repartían piezas de tela y objetos domésticos de algún valor: pipas de agua, cueros repujados, alguna jarra sobredorada.

Cuando terminó de limpiar sus cosas, simplemente las guardó sin hablar con nadie. De todos modos, nadie se acercaba a él. Era como si una mano invisible hubiera trazado a su alrededor un semicírculo que nadie se atrevía a cruzar. Fernán desconocía si el semicírculo lo trazaba el miedo o el desprecio. No sabía si aquellos harapientos habían tratado antes de cruzar la línea y se habían encontrado con la espada del caballero, o si sencillamente les repelía su compañía.

Él no tenía miedo, y sí quería hablar con aquel hombre. Se levantó de la piedra, también apartada, en la que había estado sentado hasta entonces, y se dirigió a él.

—Eh.

La voz había salido de las sombras. Fernán se volvió y se encontró con la mirada turbia de un guerrero barbudo, uno de los lugartenientes de Tremedales.

—¿Dónde vas? —dijo el barbudo.

—Eso no es de tu incumbencia —respondió Fernán. Sabía que la respuesta le podía ganar una disputa, pero se sentía más allá de la prudencia y la cautela.

El barbudo no pareció enfadarse. Sus ojos cercados de arrugas y ojeras no mostraban expresión alguna.

—No te conviene acercarte a ése —dijo, señalando al caballero solitario—. Es una especie de monje, no quiere saber nada ni de mujeres ni de dineros. Y eso no es bueno.

Fernán titubeó buscando las palabras:

—Correré el riesgo.

—Allá tú. No digas que no te he avisado.

Le volvió la espalda y continuó caminando derecho hacia el solitario. Éste lo vio venir, levantó apenas la cabeza para mirarlo, y Fernán comprendió por qué los hombres no cruzaban la línea imaginaria.

Los ojos. Los ojos daban frío. Emanaban un frío semejante al que podría salir de una tumba abierta. Contagiaban un frío parecido al de la tierra fría.

Fernán cruzó la línea.

El caballero se irguió sin levantarse.

—¿Quieres algo? —preguntó.

—Hablar con vos.

El hombre movió los hombros, como si acomodara la loriga en ellos.

—¿De qué?

Fernán titubeó.

—No lo sé.

Los ojos fríos taladraron los suyos.

—Extraña conversación —fue la respuesta—. ¿Por qué me hablas de vos?

—Porque sois el único caballero aquí.

El solitario se fijó más en su interlocutor. Con la mano derecha abierta, señaló vagamente una piedra próxima.

—Siéntate —dijo.

Fernán obedeció. De la voz reposada de aquel hombre emanaba una suave autoridad, una larga seguridad de ser obedecido. Parpadeó antes de proseguir:

—¿Qué buscas con esta gentuza?

—También vos estáis aquí.

—Desconoces mis motivos. Hay muchas razones para buscar la compañía del diablo.

—¿Me contaréis las vuestras?

El solitario soltó una peculiar risa. Una risa cascada como la de un viejo, que no encajaba bien con el vigor demostrado en la lucha. Aunque el hombre solitario tenía algunas canas, en general su aspecto era el de un hombre maduro pero aún joven.

—No —respondió al cabo de la carcajada—. No te las contaré. No deseo cargar las espaldas de otros con aquello que pesa sobre las mías.

—¿Con vuestros pecados?

—Con mis secretos. No todo el mundo expía las culpas propias en la batalla. A veces le toca expiar los pecados de otros.

—Entonces lo lamento. No merecéis semejante pena.

El hombre solitario movió la cabeza de un lado a otro, como si no le gustara aquello que estaba oyendo. No había rastro de humor en su voz cuando contestó:

—No te apresures nunca en tus juicios.

Sobrevino un largo silencio, en el que el hombre mayor y el joven se miraron sin palabras, pero sin apartar la vista. A Fernán le extrañó que no le costara ningún esfuerzo: la mirada del guerrero solitario no mostraba ya la ferocidad que le había visto antes, sino una paz parecida a un cansancio. También su voz fue mansa cuando decidió romper el silencio:

—¿Y tú? ¿Qué haces tú aquí?

Fernán agachó la cabeza.

—Obedezco —dijo—. Mi padre me envió a luchar junto al conde de los Tremedales.

—A quien hace años que no veía, espero.

—Así es. Él jamás me hubiera enviado aquí de haber sabido…

No prosiguió. Se le había hecho un nudo bajo la lengua que le resecaba cada rincón de la boca. El solitario le ahorró las palabras:

—De haber sabido que Tremedales se ha convertido en jefe de una partida de bellacos —cabeceó en silencio unos instantes—. Es mejor que te vayas —concluyó.

—No puedo —la respuesta llegó con inmediatez, sin espacio alguno para la duda—. Estoy unido a él por vínculo de vasallaje. Debo acompañarlo hasta el infierno, si hasta allí fuera.

—Ya ha ido —fue la áspera respuesta del otro—. Y se ha quedado allí.

—Pero vos podéis iros.

—No —dijo el caballero—. Yo aún no he llegado.

Se levantó y caminó despacio hacia ninguna parte, entre las sombras.

Fernán no le siguió.

XV

«Voy a guardarlo dentro de su tumba. No puede existir un lugar mejor. Estará conservado para la Iglesia y para la eternidad. A nadie en sus cabales se le ocurrirá mirar dentro de ella. Lo esconderé de noche, en esa iglesia a la que nadie entra. Mis movimientos estarán protegidos por la oscuridad y el grosor de sus muros. Y, al mismo tiempo, me libraré del cargo de conciencia que me produce tener esto en mis manos»...

—No.

La respuesta había sido inusualmente tajante para el modo de ser suave y respetuoso de Andrés. Había acompañado la negativa de un movimiento de la cabeza que, en su repetición desacompasada, transmitía toda la tensión de su interior.

Sentada a su lado, como siempre, Laura había girado medio cuerpo volviéndose a él, y había puesto ambas manos sobre su antebrazo izquierdo:

—Por favor, Andrés. Tienes que comprender que no se trata ni de una profanación ni de un capricho. Es un descubrimiento histórico importante. Del diario de tu colega se desprende…

—Del diario de mi colega, como tú lo llamas, no se desprende nada más que el hecho de que un hombre, en una situación difícil, encontró una lectura que le inquietó.

—Pero las pruebas…

—Las pruebas son tan sólo lo que un juez llamaría circunstanciales.

—¿Vas a portarte ahora como un juez? Tú siempre has dicho…

La voz de Laura se había vuelto baja y acariciante. Creí ver sufrir al cura bajo la presión de la voz y de los dedos, y por un segundo deseé que volviera a decir que no. Me decepcionó cuando vi que Laura había abierto una brecha en sus defensas.

—Incluso dejando aparte mis consideraciones morales, no sería posible abrir la lápida sin causarle daños.

Laura sacudió levemente el brazo que tenía aprisionado:

—Andrés, por favor, ésa es precisamente mi profesión. Tomaremos todas las precauciones. Montaremos un andamio para recoger en él la lápida cuando la aflojemos, y te aseguro que la aflojaré con tanto cuidado como…

—¿Vamos a dejarnos de tonterías o no? Sabes de sobra que no causaremos ningún daño a la tumba.

Había sido mi voz la que había dicho aquellas palabras, a pesar de que yo la había oído como desde el otro lado de una pantalla de televisión; como si yo fuera el personaje de una película que estuviera viendo. Un personaje histérico y desabrido.

Todos me miraron al mismo tiempo. Silvia con el gesto serio e impasible de su cara acentuado. Laura, con sorpresa y decepción. Andrés se levantó y dejó unos billetes sobre la mesa.

—Me lo pensaré —anunció—. No es bueno tomar decisiones ni bajo la prisa —me miró antes de continuar— ni bajo la presión.

A la salida del restaurante, Silvia y yo discutimos. Inesperadamente, dijo que quería irse. Que a ella no le importaba esa historia de guerreros muertos. «Vámonos», dijo. «Vámonos».

Me negué, y me dejó plantado en mitad de la calle. Di una vuelta por el pueblo y, cuando volví a casa de Laura, solo y tenso, encontré a Silvia haciendo la maleta. Recogía las cosas con rabia, tirándolas al fondo de la caja cuadrada como si en ella hubiera una trampilla por la que pudieran desaparecer.

Nunca hay nada peor que enfrentarse a lo obvio. Lo inesperado saca de nosotros energías y recursos desconocidos, nos fuerza a la imaginación. Lo evidente nos deja varados en la playa seca de nuestras carencias. Por eso no pude decir nada que fuera original, y dije:

—¿Qué haces?

—La maleta.

—¿Así que te vas?

Se limitó a asentir en silencio, tal vez cansada de decir tonterías, pero el silencio es igual que una presa; se carga de palabras. La compuerta se abrió:

—No voy a quedarme aquí a contemplar cómo babeas por una idiota enamorada de un cura.

Lo evidente está hecho de una piedra durísima, pero tiene el aspecto de una nube. Crees que vas a cruzarla sin sentir más que la caricia de una brisa húmeda, y de repente las turbulencias sacuden el avión en el que viajas.

Me golpeé con la piedra durísima de lo evidente. Todavía aturdido por el choque, traté de reaccionar:

—¿¡Qué dices!?

Silvia tiró otra blusa contra la trampilla por la que se estaba marchando mi vida, y aferró los costados de la maleta con ambas manos antes de volverse a contestar:

—¿Qué digo? ¿Es que tú también eres idiota?

—No sé de qué me hablas.

—Claro que sabes de qué te hablo.

Claro que lo sabía. Pero reconocerlo equivalía a perder pie en la realidad. Me atrincheré, tal como los hombres que se sienten enamorados llevan siglos haciendo, detrás de mentiras crujientes e inconsistentes como el papel cebolla. Casi oí su crujido cuando dije:

—Laura no está enamorada de Ortega.

Silvia había vuelto a dedicarse a la maleta. Cuando alzó la vista, había algo triunfal y demoníaco en su expresión:

—¿Ah, no? ¿Sabes dónde estaba destinado Ortega antes de venir a este pueblo perdido?

Guardé silencio.

—En Barcelona —la voz se había vuelto temblorosa—. Allí se conocieron, y cuando le mandaron este pueblo, ella vio la excusa perfecta y le siguió hasta aquí.

—¡Eso es mentira!

—¡Ja!

Cargada de desprecio, la interjección precedió a la caída de la maleta, con un ruido sordo, sobre sus propios cierres. Silvia corrió las cremalleras con la violencia de una montaña rusa despeñándose desde su mayor cumbre.

—Me voy —dijo—. No te molestes en acompañarme. Ya sé que no te importa. ¡Ah!, y me llevo el coche.

La vi salir sin cerrar la puerta, y me encontraba tan aturdido que no la seguí, que no contesté, que no hice nada.

No sé cómo llegué a la orilla del lago. Ni siquiera sé por qué fui allí. Y como no sabía ni una cosa ni otra, atribuí al destino que al llegar, recortada contra el horizonte, viera la silueta del cuerpo de Laura, sumergida en el agua hasta un poco más arriba de las rodillas.

Tenía las manos en jarras, y miraba obstinada ponerse el sol tal como lo hubiera podido hacer una sacerdotisa egipcia, tal vez buscando las eternas respuestas. Admiré su contorno arrogante y hermoso, deseé convertirlo en una foto fija en mi memoria para siempre, incontaminado. La vi lanzarse al agua de repente, con ese ímpetu de los nadadores que les hace trazar una curva en el aire y parecer delfines durante un segundo. La vi hundirse y salir, cruzar el lago con lentas brazadas, durante las que sus hombros, la curva de su espalda o sus pies emergían y desaparecían como pequeñas islas en el mar. Soñé por un instante con el aislamiento, con el olvido de la realidad.

Pero la realidad lo contamina todo. Laura se dio la vuelta para regresar a la orilla, nadó hasta ponerse en pie, aún con medio cuerpo dentro del agua, se detuvo un momento al verme y sacudió la melena cobriza igual que un león después de una batalla.

Yo debería haber dicho algo tan obvio como «Silvia se ha ido», pedir disculpas por la manera en que había transcurrido la comida o incluso hablar de Andrés; tal vez hasta de mí.

—¿Crees que el Comendador de las Sombras buscaba a Minaya? —dije, sin embargo.

Laura se detuvo con las piernas abiertas, se dobló por la cintura con elasticidad de bailarina y recogió del suelo una toalla con la que empezó a secarse el pelo.

—De eso estoy segura —dijo—. Me interesa más saber por qué lo hacía.

—La respuesta está en esa tumba.

No contestó. Su mano frotaba con gesto enérgico el lado izquierdo de su cabeza.

—¿Crees que nos va a dejar abrirla? —pregunté.

Laura volvió a sacudir la melena, esta vez medio seca, en trance ya de recobrar su volumen normal. Sentí una punzada en la boca del estómago.

—No lo sé —dijo.

—¿Qué pasa si dice que no?

—Que nos quedaremos sin saber lo que queremos.

Se veía en lo cortante de sus respuestas que estaba muy furiosa. Conmigo. Volví a reaccionar de manera infantil:

—¿Ah, sí? —la punzada en la boca del estómago se había esfumado—. ¿Y eso es todo? ¿Hacemos lo que dice el señorito y punto?

Laura me miró sin dejar de secarse. Había vuelto a sus ojos la dureza.

—El señorito es el responsable legal de ese enterramiento —dijo—. No podemos hacer nada sin su autorización.

—Venga ya —respondí—. Andrés hará lo que tú le pidas.

La melena cobriza se sacudió como si tuviera vida, como si me fuera a dar de latigazos. Unos ojos febriles ardían entre sus rizos.

—Creo que te estás equivocando —dijo una voz gélida. Me costó trabajo reconocer que era la suya.

—Ya me he equivocado —contesté.

Ella no respondió. Como si confirmara mis palabras con su silencio, se limitó a recoger sus cosas y pasar por mi lado sin decir nada.

Me puse furioso. Estaba harto de que me pusieran cortapisas. Harto de seguir el camino que trazaban otros. Mientras Laura se estaba duchando en el piso de arriba, me dirigí al salón donde se encontraba la chimenea. A la derecha del hogar había uno de esos típicos soportes de forja del que colgaban un fuelle, unas tenazas, un atizador y una escobilla. El atizador parecía lo bastante fuerte para aguantar un poco de presión, y su punta era lo bastante aguzada. Las tenazas de hierro, diseñadas para sujetar troncos al rojo vivo, tendrían que ser también, visto el grosor, lo suficientemente resistentes.

Las metí en una bolsa y salí a la calle. Atravesé el pueblo a paso vivo, sin preocuparme de las miradas de la gente, que de todos modos se había acostumbrado a la presencia de forasteros en el pueblo. Tal vez habrían visto a Silvia pasar con el coche, quizá pensarían que iba a hacer algún recado. Nadie se fijó especialmente en mí.

La puerta de la iglesia estaba abierta, como lo estaba a menudo, y tras cerciorarme de que no había nadie en su interior corrí uno de los viejos pestillos negros que Ortega echaba por las noches. Podía ocurrir que alguien viniera a rezar, pero correría el riesgo. Un riesgo, en todo caso, inferior al de ser descubierto por alguien en la tarea que me proponía llevar a cabo.

Allí estaba otra vez, al borde de la luz, o de la sombra. A aquella hora de la tarde, nada distinguía la tumba de Moncada en su eterna penumbra. Traté de calmarme y pensar.

Pasé los dedos de la mano izquierda por la juntura entre la lápida y la pared. La gran tapa vertical del enterramiento, de casi un metro setenta de largo por uno de alto, no mostraba ninguna hendidura de separación en su superficie. Ajustaba con el muro de manera perfecta, así que escogí una de las cuatro esquinas y, cargando todo el peso de mi cuerpo, hinqué en ella la punta del atizador.

Enseguida, empecé a utilizar las tenazas como si de un martillo se tratara, golpeando suave y rítmicamente el extremo del mango del atizador.

Tenía muchos motivos para hacerlo así: no quería hacer ruido; sabía que no tendría bastante fuerza para ir más deprisa sin agotarme; y además, conforme avanzaba en la tarea, empezaba a preguntarme cómo iba a sujetar la lápida cuando al fin se moviera. No era cosa de dejarla simplemente caer al suelo. No tenía la intención de romper en mil pedazos una estela funeraria que había aguantado el paso de ochocientos años.

Se me ocurrió que acercaría dos bancos de la iglesia para que actuaran como borriquetas. ¿Y si el peso de la piedra se venciera sobre ellos? Una vez más, no me quedaba más posibilidad que correr el riesgo.

Luego ya no importaba devolverla a su sitio. Para entonces el misterio estaría aclarado. En ese momento, cegado por mi rabia, estaba perfectamente dispuesto a marcharme de allí en cuanto lo supiera.

De repente vinieron a mi cabeza las palabras que habíamos pronunciado días atrás:

«A eso lo llaman profanación de tumbas, ¿no?»

«¿A partir de qué antigüedad? Todo el mundo considera tan natural reventar una tumba egipcia, hasta sacar la momia y llevársela puesta. ¿Por qué una tumba medieval no?»

«Yo tampoco lo haría en una tumba egipcia».

Descargué mi rabia en un furibundo martillazo contra el atizador.

La lápida no se movió un milímetro. Únicamente oí un crujido y vi un poco de sucia arenilla desprenderse de otra de las esquinas.

Es una bendición que el ejercicio físico pueda servir a veces para aclarar las ideas. De manera tan súbita como inapelable, me di cuenta de que estaba haciendo el imbécil. Acaricié la inscripción con los dedos, y saqué de un tirón el atizador. Una nueva llovizna de arena acompañó su viaje hasta mis manos.

Con el corazón agobiado por una pesadumbre en la que el desconcierto había ocupado el sitio de mi locura, desanduve el camino por las calles del pueblo y regresé a la casa. No se oía ningún ruido. Volví al salón y colgué suavemente las herramientas en su soporte, después de limpiar la punta sucia de lo que había querido emplear como ariete.

Laura estaba sentada en el jardín. Me pareció tan bella y misteriosa... Deseé no hacer ruido, no alterar nada, no mover más piezas en el triste tablero de ajedrez en que se había convertido mi vida.

—No me dijiste que Silvia se había ido —dijo entonces ella, sin volver la cabeza.

Había movido ficha. No tenía más remedio que replicar.

—No sabía cómo decírtelo. Cómo explicártelo.

Ella movió la mano en un ademán que me pareció desolado:

—No creo que hagan falta explicaciones.

Me senté frente a ella. Sentía una devastada tranquilidad.

—Lo que te he dicho antes... —empecé.

—Lo que has insinuado son estupideces —me cortó.

Se le llenaron los ojos de lágrimas.

—Andrés no me ha hecho nunca ningún caso —continuó.

—Es cura —dije.

Laura repitió el movimiento de la mano.

—Nunca ha tenido interés en mí.
—Entonces es imbécil.
Me dedicó una sonrisa triste:
—No. Simplemente su elección de vida es otra. Él no me elige a mí, yo no te elijo a ti.
Bajé la vista.
—Él es bueno y amable conmigo para compensarme —dijo, y me miró—. ¿Qué puedo hacer para compensarte a ti?
Levanté la cabeza. La vi por entre una nube de agua, luché por conservar esa agua dentro de mis ojos y que no empezase a correr por mi cara.
—No puedes hacer nada. Yo no me conformaría con nada.
Laura asintió varias veces con suavidad.
Ella sí que lloró. Lloró silenciosa, lentamente, sin sacudidas ni estremecimientos, y por primera vez me dije en voz alta dentro de mi cabeza que la quería. Pensé que debía intentar consolarla, pero algo me lo estaba impidiendo. Y no sabía qué.
—No llores —terminé por decir.
—Bah —respondió en tono agrio.
Se levantó y fue dentro de la casa, sin que yo fuera capaz de moverme. Cuando volvió, se había secado las lágrimas y parecía no estar dispuesta a llorar jamás.
—¿Te vienes a averiguar el destino final de nuestro caballero?
La miré con sorpresa:
—¿Has cambiado de opinión respecto a Ortega?
Negó con la cabeza, sacudiendo el pelo:
—No. Pero quiero intentar que él cambie de opinión.

De pronto sentí un profundo vacío en mi interior. Me había dicho en mi cara que me descartaba, que no me daba ninguna oportunidad, y un instante después volvía a hablarme de un tipo muerto hacía ocho siglos, un tipo que ya no me importaba nada, igual que le había ocurrido a Silvia. Porque no había sido más que la excusa para estar con ella, para buscar con ella, para apasionarme con ella. Se lo confesé:

—Me importa un pimiento el destino final de nuestro caballero.

Laura apoyó ambas manos en la mesa y se inclinó hacia mí. Sus ojos parecieron atravesarme:

—Pero no es porque vas a ir a buscar a Silvia, ¿verdad?

—No.

A mí mismo me sorprendió la rapidez de la respuesta.

—Lo suponía —dijo ella—. Yo sí voy a buscar a Andrés.

No dije nada.

Se volvió hacia mí y me sonrió. Tuve la sensación de que hacía mucho que no la veía sonreír tal como ella lo hacía, enseñando esos dientes grandes y blancos:

—¿Me acompañas?

XVI

Moncada llegó al campamento tres días después. Lo recorrió sin descender de su montura, con la mano derecha sosteniendo las riendas flojas y la izquierda apoyada en el pomo de la espada, con la mirada severa y alerta y la sensación de estar llegando a su destino.

Lo siguieron cien ojos por entre las fogatas, cargados de miradas que en nada tenían similitud con las que habían seguido a Fernán unas jornadas antes. En los ojos sombríos que ahora vigilaban al caballero había una sorda desconfianza, una inexpresable hostilidad de hombres que reconocían al posible enemigo, mientras que en el muchacho sólo habían visto a un inofensivo recién llegado.

La novedad de su aparición precedió a Moncada hasta la tienda del conde de los Tremedales. Un propio acudió a dar cuenta de ella, e hizo salir al conde a la entrada, la ceñuda mirada de rapaz entornada bajo las pobladas cejas, los dientes de camino a ser apretados. Esperó con los brazos en jarras a su visitante.

El Comendador de las Sombras llevó su caballo hasta el hombre de pie. Al llegar hasta él tiró ligeramente de las riendas. El corcel se detuvo.

—¿Quién sois? —preguntó a bocajarro Tremedales.

—Un caballero de fortuna —respondió Moncada—. Si es que hay alguna que ganar aquí.

—Pasa a veces —respondió el conde—. Pero hay que ganársela.

—No conozco ningún sitio en el que la regalen.

El conde lo miró con los ojos entornados. Parecía dudar sobre el siguiente paso. Esperó a que lo diera el desconocido.

Moncada hizo ademán de descabalgar.

—¿Os he dicho yo que podéis quedaros? —interrumpió el movimiento el conde.

—¿Acaso he dicho yo que quiera quedarme? —respondió Moncada—. Bajo de mi caballo cuando me place. Y si me place vuelvo a montar.

Los harapientos guerreros del conde se habían aproximado durante el diálogo. Rodeaban a Moncada y a su señor con expresiones huecas pero amenazantes. Tras la última réplica del recién llegado, el rostro de Tremedales había adquirido una tonalidad sanguínea.

—¡Señor de Moncada!

La voz de Fernán rompió como un conjuro el castillo de erizados cristales que estaba levantándose ante los hombres enfrentados. Álvar se volvió hacia quien le llamaba:

—Me alegro de veros, Fernán.

—¿Conoces a este hombre? —preguntó Tremedales en tono apresurado.

—Sí, señor.

—¿Y quién es?

—Alguien que tiene lengua para contestar cuando se le pregunta —interrumpió Moncada—. Y ha dicho un guerrero de fortuna.

El conde midió a su interlocutor, y no pasó por alto la mirada que éste dirigía a Fernán imponiendo silencio. El muchacho era recio, pensó. No contestaría a ninguna pregunta si creía tener algún pacto de honor con el recién llegado. Cambió rápidamente de estrategia:

—Soy el conde de los Tremedales —dijo.

Moncada se inclinó en una media reverencia:

—Es bueno que me lo hayáis dicho, señor —respondió, con voz súbitamente dulcificada—. No sabía quién me hacía tantas preguntas.

—Muy arrogante os mostrabais para responderlas.

—El hombre solo tiene que defender su soledad, y el perro sin amo tiene que elegir muy bien a quién sirve.

Tremedales sonrió.

—No tenéis aspecto de perro sin amo —dijo—. Pero no importa. Aquí todos los brazos son bienvenidos. Y hay botín para todos.

—¿A cambio de qué?

—De obedecer.

—Trato hecho.

Tremedales chasqueó la lengua. Describió un semicírculo con la mirada antes de ladrar:

—¡Cada uno a lo suyo! ¡Fernán, a mi tienda!

El muchacho cruzó miradas con Álvar Moncada, pero siguió sin rechistar a quien consideraba su señor feudal. Nada más entrar en la penumbra recargada de humo de la tienda de campaña, el conde dijo:

—No sé qué te traes con ése.

—Señor, yo…

Tremedales detuvo sus palabras con un gesto imperativo, alzando la mano abierta:

—Me da lo mismo —y la mano se convirtió en un puño del que sobresalía un índice acusador—, siempre que no sea en mi perjuicio, ¿me oyes?

Fernán se irguió con aire ofendido:

—Os debo lealtad.

—Ya —el conde no daba demasiado valor a esa palabra—. No tanta como para contarme las cosas, ¿verdad? —Fernán abrió la boca—. No contestes. No me importa otra cosa que lo mío. Lo que no lo estropee ni lo perjudique es cosa tuya. Puedes irte.

Fernán saludó con una cabezada cuyo objetivo era más ocultar el ardor incendiario de sus mejillas que resultar sumiso o cortés. Sufría mal los modales perdularios del conde, su completa falta de caballerosidad, su entero alejamiento de lo que él entendía por un noble. Tan sólo su fe ciega en la ciega obediencia a lo inculcado le mantenía allí.

Buscó con ansiedad al caballero amigo, a la par que sentía la invasión destructora del recuerdo: hacía bien poco tiempo que lo había dejado atrás, en alguna medida en la estacada, para poner fin a lo que veía nacer poco a poco. ¿Le quedaba derecho para buscar ahora su compañía?

No tardó en descubrirlo. Había atado su montura a un árbol, y el caballo pastaba mansamente la hierba que crecía en semicírculo junto a él. Se afanaba en dejar por el suelo sus cosas en un orden preciso, como formando una barrera a su espalda, contra unas rocas dispersas.

A la vez, miraba sin cesar de un lado a otro. Parecía tomar nota precisa de cada grupo de miembros de la partida, reseñar en su mente su aspecto, su catadura, su condición tal vez. Se volvió con rapidez al oír los pasos que se aproximaban.

—Salud, señor de Moncada —saludó Fernán.

—Salud, Fernán —el muchacho vio con alivio que Moncada sonreía sin rebozo—. Me alegro de veros bueno.

—No tengo motivo de queja.

—¿Y vuestra hermana?

No había esperado mucho. Fernán probó a encogerse de hombros:

—Estará bien... La dejé en el convento, en Burgos.

Moncada apartó la vista y asintió.

—Estará bien —repitió, como si hablara consigo mismo.

—¿Y vuestras costillas?

El caballero lanzó una risa corta y seca:

—Bien..., duelen de vez en cuando, pero sanarán. Qué no duele de vez en cuando —trazó con la mano una especie de semicírculo en el aire—: ¿Qué tal estáis aquí?

Fernán valoró por un instante la posibilidad de mentir. De decir a Moncada que servía a las órdenes del conde, eso era todo. Pero había visto la manera villana en la que los dos se habían tratado en su primer encuentro y supo que no podía engañar al caballero.

—Mal —confesó—. Rodeado de gentes sin honor, testigo de villanías que jamás quisiera haber visto.

Moncada pareció ir a contestar. Fernán incluso pensó que sabía lo que iba a decirle: «Tentado estuve de advertiros, hay gentes que»…».

Sin embargo, Moncada no le estaba ya prestando atención. Miraba por encima de su hombro, con súbita fijeza. A Fernán ni siquiera le hizo falta volverse para reparar en el objeto de su curiosidad.

Un hombre apartado.

Un hombre que, a su vez, le estaba mirando.

Fernán no era idiota. Era joven, carente de experiencia, pero no era idiota. De repente las piezas de su memoria corrieron a ensamblarse, de repente entendió justo lo que no le había preguntado a Moncada: por qué estaba allí. Por qué había cambiado de rumbo, apartándose de aquel destino misterioso que antaño le había hecho desconfiar de él. De repente entendió cuál era el motivo de todas las cosas.

—Lo estáis buscando a él —dijo, perplejo.

Moncada abandonó el objeto de su contemplación y encaró a Fernán con rapidez.

—¿A quién? —preguntó con falsa inocencia.

—A él. Al solitario.

—¿Acaso no conocéis su nombre?

—No —dijo Fernán, y su propia extrañeza le asombró—. Nadie lo sabe.

Los ojos de Moncada brillaron con una inquietante luz.

—¿Y por qué nadie le ha preguntado?

—No es hombre con quien sea fácil hablar.

El Comendador de las Sombras guardó silencio. Tal vez había llegado hasta la meta de sus indagaciones.

—Fernán...

—Decidme, señor.

—Necesito vuestra ayuda.

—Contad con ella.

—Os lo agradezco... Necesitaré tiempo. Durante ese tiempo, conviene que el conde de los Tremedales no se ocupe de mí, no me moleste —levantó la mano para detener a Fernán, que abría la boca para responder—. No os estoy pidiendo que hagáis nada. Tan sólo que no me traicionéis. Que no digáis a nadie lo que sabéis de mí. Que hagáis pasar por buena la versión de mí mismo que les he dado.

Fernán sonrió:

—Me cuesta trabajo creer que nadie pueda tomaros por un soldado de fortuna.

Moncada también apuntó una sonrisa.

—¿Eso creéis? —volvió la cabeza y, con la mandíbula, señaló hacia el árbol apartado—. ¿Y a él, Fernán? ¿Lo tomaríais a él por un soldado de fortuna?

El campamento dormía cuando Moncada caminó entre las sombras hacia el solitario. Estaba tumbado al pie de su árbol, envuelto en una manta, y se habría pensado que su sueño era el de una roca, a juzgar por su perfecta inmovilidad.

Mas nadie duerme inmóvil, y Moncada lo sabía. Sus

ojos expertos sabían distinguir entre la respiración profunda y tranquila de un hombre que duerme, que hace subir con ritmo regular su caja torácica, y la del hombre que se alimenta de aire con una respiración contenida que le permita oír sin que el ruido de sus propios pulmones le perturbe. La respiración de un hombre despierto.

—Buenas noches —dijo a media voz.

El bulto inmóvil continuó inmóvil, pero su quietud tampoco engañó a Moncada. Sonrió para sus adentros mientras se sentaba tranquilamente encima de una roca.

Entonces el solitario se incorporó, y Moncada vio brillar en su mano un puñal.

—Veo que sois hombre precavido —dijo.

—Todos los viejos que conocí lo fueron —respondió el solitario.

El Comendador de las Sombras rio quedamente. En la oscuridad, apenas distinguía los contornos de su interlocutor, sólo vislumbraba los ojos brillando como diminutos alfileres negros. Se preguntó por dónde podía empezar.

—Creo que vos y yo estamos fuera de lugar aquí —dijo.

—¿Eso creéis?

—Eso me ha dicho Fernán de Arriaga.

—Él es el que no debería estar aquí.

—Cierto. Más la lealtad obliga a muchas cosas.

—Es preciso escoger a quién se es leal.

—¿Lo hicisteis vos?

Creyó ver que los alfileres negros brillaban un instante un poco más.

—Todo el mundo lo hace en un momento u otro —respondió el solitario.

—Pero pocos mantienen su elección hasta el final… o más allá del final.

Hubo un nuevo silencio.

—Es posible —volvió a sonar la voz.

—¿Creéis que la lealtad es incompatible con la verdad?

El solitario no respondió enseguida, pero el silencio se vio inundado por un largo suspiro.

—¿En nombre de quién venís, señor?

Esta vez, fue el Comendador de las Sombras el que titubeó. Se preguntó si era hora de descubrir su juego, si sería preciso intercambiar verdad por verdad.

—¡A las armas!

El grito había brotado a sus espaldas, y pronto fue seguido de la algarabía de hombres que corren, y de otros muchos gritos en varias lenguas.

—¡Los moros! ¡Nos atacan!

Sin decir una sola palabra, Moncada se incorporó. Cambió una mirada con el solitario, que desenvainó de un tirón su espada, dejando caer la vaina al suelo, y corrió haciendo molinetes hacia los atacantes. Moncada le siguió en la misma dirección.

Tremedales había salido de su tienda, rápidamente rodeado de un puñado de hombres dispuestos a protegerlo en el combate. Segundos después, los aceros empezaban a entrechocar.

El combate duró casi dos horas. Finalmente el enemigo pudo ser rechazado, aunque Tremedales estaba herido y más de una docena de sus hombres yacían muertos o heridos entre las hogueras.

Había que irse. El lugar ya no era seguro. Una vez encontrado, sus agresores no tardarían en volver con refuerzos, y se apresuraron a recoger útiles, botín y viandas, y a levantar el campo.

Fernán caminó entre los cadáveres, sin ver, ni entre ellos ni en pie entre ellos, al caballero amigo y al solitario. Por el tiempo de un parpadeo temió haber perdido las únicas luces que le quedaban en la oscuridad.

Luego, los divisó bajo una encina, y después del primer golpe de alegría, de retener la primera intención de correr junto a ellos, se detuvo un segundo y los contempló. Fue consciente de que se encontraba en uno de esos cruces de caminos en los que la vida elige el suyo. En el futuro, él mismo habría de encontrarse en muchos. Cuando llegara ese momento, le asombraría haber sido capaz de reconocerlo la primera vez que lo vivió.

Se acercó lentamente a los dos caballeros. Moncada miraba con descaro a su interlocutor, aún sin decir nada, como si examinara en su interior un catálogo efímero de posibilidades. Por su parte, el solitario apoyaba la diestra en el tronco del árbol, jadeante, agotado. Tenía la espada clavada en el suelo delante de él, y estaba rodeado de cadáveres. Recobró el resuello antes de preguntar:

—¿Qué miráis?

—No se ve todos los días a un hombre buscar la muerte con tanto encarnizamiento —se limitó a responder Moncada.

—¿Y os parece cosa digna de ver?

—Sí, cuando la distancia que separa a ese hombre de la muerte es una noble espada.

El solitario alzó la mano y la bajó, en un gesto de desdén. Desenclavó su arma y empezó a limpiarla metódicamente con un puñado de hierba.

Moncada mantuvo su completa inmovilidad. Incómodo, el solitario alzó la vista. Sobre sus ojos fríos, las cejas dibujaban una perfecta horizontal de alerta.

—¿Se os sirve algo más?

—Saludar a un tocayo. Me llamo Álvar de Moncada.

El solitario se irguió lentamente.

—No os conozco de nada —insistió.

—Pero yo sí a vos —dijo entonces Moncada con temeraria determinación—. Yo sí os conozco, u os reconozco, a vos. Sé que sois Álvar Fáñez, al que todos conocen como Minaya, el leal compañero del Campeador.

XVII

Encontramos a Andrés en su iglesia, y no estaba en absoluto bien dispuesto. No tardé en averiguar por qué. La curiosidad es común a todos los humanos, y Andrés Ortega también había ido a visitar la tumba de su ilustre huésped, y había descubierto mis manejos.

—¿Podéis explicarme esto?

Señaló con el dedo el polvillo a los pies del enterramiento que mis inútiles trajines habían depositado en el suelo de piedra. No había causado daños, pero sí había dejado huellas. Error de principiante, me dije.

Sentí el peso de la acusación de Laura sobre mi boca. Me alegró pensar que al menos Ortega vería una genuina sorpresa en ella.

—He sido yo —admití—. Tuve la absurda idea de abrirlo solo.

—Tuviste la absurda idea de abrirlo —repitió el cura—. Sin mi permiso. ¡Abusando de mi confianza!

La verdad es que no había mucho que responder a eso. Estaba dando forma a una disculpa cuando Laura preguntó con el ceño fruncido:

—¿Por qué absurda?

Ortega señaló las junturas de la pared y el polvo en el suelo.

—¿Tú te has fijado en esta tumba? ¿Y en ese polvillo?

—No sé a qué viene tanto escándalo. No es más que la argamasa con la que sellaban los enterramientos.

—Exacto.

—No comprendo.

—Pues está muy claro. Si mi predecesor hubiera abierto esta tumba, cosa imposible teniendo en cuenta que, según me habéis contado, vivía escondido y ocultando su identidad, y es imposible mover esta lápida sin ayuda —al llegar a este punto me miró con algo parecido al desprecio—, no hubiera empleado argamasa para volver a sellarla, sino cemento. Parece mentira que tenga que explicártelo a ti, que estás familiarizada con estas cosas. Vuestro manuscrito no está ahí dentro. Esa tumba jamás ha sido abierta.

—Entonces, ¿el párroco mentía?

—No tengo ni idea. Sois vosotros los que habéis leído el diario.

—Voy a por él —lo dijo tan deprisa que no tuvimos tiempo de reaccionar.

De pronto me encontré a solas con Ortega, en la misma nave silenciosa en la que había entrado con Silvia tan poco tiempo atrás. Mis pensamientos giraban tan rápido que habían dado ya varias vueltas cuando empujaron desde atrás mis labios, y dije:

—¿Cómo es posible que esto te importe tanto?

Ortega siguió el gesto de mi mano señalando la iglesia y respondió:

—¿Qué?

—Te estoy preguntando cómo es posible que te importe más que ella.

Su rostro experimentó una intensa subida de color, sus labios temblaron, apoyó la mano sobre el sarcófago como si tuviera que buscar sustento, o sujetar sus movimientos.

Supuse que me iba a largar un sermón. Que me iba a hablar de la vocación y las obligaciones. Pero no hizo tal cosa. Sólo dijo:

—Mis decisiones no te incumben.

—Resulta que sí —respondí, atacado de un súbito vértigo—. Porque yo sí la quiero. Y tú estás jugando a un juego inútil que tan sólo alimenta tu propia autoestima.

Creí que iba a pegarme.

—Pero ¿quién te has creído que eres? Veo que entender las razones de los demás está completamente fuera de tu alcance. No eres más que un crío encaprichado de lo que no puede tener.

—¿Y tú? ¿Qué tipo de persona eres tú?

La puerta de la iglesia volvió a abrirse, y los dos callamos. Laura advirtió enseguida que algo había ocurrido, pero no comentó nada. Manoseó un instante el diario antes de decir, sencillamente:

—Aquí está.

Lo apoyó en el respaldo de un banco sobre el que aún caía la luz, y lo hojeó con apresuramiento. Ortega y yo la flanqueamos para leer la frase que, tras unos segundos de búsqueda, señaló en el texto:

«Esta tarde, he confiado el manuscrito a la tumba

de la que nunca debió salir, con su dueño legítimo. Allí se pudrirá por los siglos de los siglos, hasta que se convierta en polvo y no manche la memoria impoluta de los gigantes».

Nos quedamos mirándonos los tres. Luego, Ortega movió la cabeza con el mismo aire despectivo con el que me había mirado antes:

—No sé cómo no os habéis dado cuenta. ¿No veis que él no estaba aquí cuando escribió esto? Estaba huido, en otro pueblo, en otro lugar. Donde halló el manuscrito. Donde lo devolvió adonde lo había encontrado.

Empezaba a volvérseme familiar la convivencia con el ridículo. En dos golpes de evidencia, Ortega había desmontado todo el andamiaje teórico que había ocupado los dos días más intensos de mi vida.

La realidad me abrumó, tal como podría haberlo hecho un rodillo de plomo. No había manuscrito. No había espacio para el descubrimiento ni fundamento para la especulación. No había nada.

Cuando se producen esos vacíos, uno trata siempre de llenarlos, en alguna medida, manoteando. Pensé entonces que había que hacer algo, revisar el diario de punta a cabo, buscar entre líneas indicios de dónde había sido escrito, precisar el origen del texto desaparecido, revolver otra vez en los cajones, o sea, manotear.

Laura no se movía. Tenía los ojos puestos en el sarcófago, cual si tratara de taladrarlo. Con el ceño fruncido, exprimía las neuronas en lo que yo entendí, en aquel momento, como su propia forma de manotear. Se volvió a Ortega:

—Voy un momento arriba.

Volvimos a quedar solos, y nos miramos como en un duelo. Ortega me tomó la delantera:

—No seguiré discutiendo contigo —proclamó finalmente, como si hubiera estado dándole muchas vueltas a un pensamiento, a una decisión.

—Yo tampoco —escupí.

Subí una vez más por la escalera de caracol. Un hálito frío de final de etapa parecía envolver todos mis miembros.

Laura estaba sentada en un taburete alto, frente al retrato de Álvar de Moncada. Me puse junto a ella. Desde la pared, los ojos almendrados de Moncada y el rostro borroso de su compañero nos miraban, eternos.

—El presunto Minaya no tiene escudo de armas —dije.

—Eso no es raro —replicó enseguida ella—, el concepto del escudo de armas es posterior a esta época. Ni el Cid lo tenía, sólo los reyes y algún gran señor se permitían ese lujo en aquel momento. Los demás tienen todos escudo porque son de una época posterior. Precisamente eso es lo que me hizo fijarme en éstos desde un principio.

—Bien, en todo caso hasta aquí hemos llegado en nuestra investigación —dije.

Laura negó despacio con la cabeza.

—No.

Levantó la mano y señaló las figuras.

—Durante todo el tiempo, hemos pensado que la figura borrosa correspondía a algo inacabado. No nos hemos parado a pensar que no tenía lógica que el caballero borroso no estuviera solo, sino justo detrás de Moncada.

—Eso no tiene nada de especial. También el comendador Atienza aparece en una escena de grupo, rechazando la dádiva del rey.

—Cierto, pero en todas las escenas de grupo el único que tiene un escudo debajo es el caballero enterrado en la iglesia, el protagonista de la escena.

Miré el hueco destinado al escudo debajo del presunto Minaya, el hueco que tan sólo había llamado mi atención por estar vacío.

—Ellos nunca hacían nada porque sí —dijo Laura, y me sorprendió cómo hablaba de *ellos,* como si se refiriese a fantasmas o seres especiales—. Si pintaron las llaves de san Pedro es porque Moncada representaba a Roma; si pintaron detrás a Minaya —se volvió y me miró en la penumbra con sus ojos brillantes—, es porque también él está enterrado aquí.

Di un respingo. La idea me pareció a partes iguales fantástica y disparatada.

—Pero tú has identificado los ataúdes —objeté—. A ninguno le falta inscripción y a ninguno le falta correspondencia con los retratos de aquí arriba.

Laura me dedicó una de esas miradas desafiantes con las que me invitaba a extraer mis propias conclusiones.

—No puede ser —dije.

—¿Por qué no?

—¿Un enterramiento doble? ¿Y además con una sola inscripción? Contradice todos los hábitos de la época.

—Pero concuerda con la voluntad de esconder algo. Con la intención de la sombra.

Consideré la posibilidad.

—Un momento —dije de pronto—. Estamos perdiendo la chaveta. Hay un Minaya histórico documentado. Un Minaya que estuvo en una serie de batallas después de Valencia; y se dice que su tumba está en San Pedro de Cardeña. Estamos inventándolo todo.

—O desinventándolo —insistió Laura—. ¿Nunca te has parado a reflexionar cuántas veces a partir de un par de vestigios se elabora un relato histórico? Si además consideras la importancia mítica del personaje…

—Ya vale, chicos.

Nos volvimos. Ortega estaba en el primer peldaño de la escalera. Supuse que llevaba allí un tiempo, escuchándolo todo.

—Andrés —dijo Laura con tono desenfadado—, tenemos que…

—No —la negativa del sacerdote me sorprendió por su dureza—. No vais a abrir esa tumba. No voy a autorizarlo, y lo voy a impedir si se os ocurre otra idiotez como la de antes.

Se me subió la sangre a la cabeza:

—¿Qué tienes que ocultar?

—No tengo nada que ocultar porque no sé lo que hay dentro. Como no sé lo que puede haber en las otras tumbas de la iglesia, ni en las otras mil tumbas que hay en todas las iglesias que nos rodean. Pero esas lápidas no fueron puestas para ser removidas. La muerte no es un juego de adolescentes.

—No hablamos de ningún juego —dije—. Hablamos de la Historia.

—No —la voz seguía siendo como un cortafríos—. Hablamos de personas que siguen la corriente a otras. Y es hora de poner fin a todo eso.

Yo iba a volver a contestar, pero Laura se me adelantó:

—¿Qué quieres decir?

Su voz temblaba.

—Sabes muy bien qué quiero decir.

—No me merezco que me digas eso.

Andrés bajó la vista. Tenía el rostro contraído, como si estuviera conteniendo las lágrimas, como si sintiera un dolor interior.

—No, no te lo mereces —dijo en voz baja—. Como no te mereces vivir en este pueblo sin hacer nada. Sin futuro.

Laura bajó la vista. Cuando la levantó tenía los ojos vidriosos, y la voz le temblaba más que antes:

—¿De verdad no tengo ningún futuro? —preguntó.

Andrés miró al techo de la iglesia.

—No —dijo en un suspiro.

Laura bajó de su taburete. Dedicó una mirada circular a lo que había sido el escenario de sus dos últimos años. Miró una vez más a los caballeros de la pared.

—Vendré a recoger algunas cosas —dijo, encaminándose hacia la escalera.

—¿Adónde vas? —preguntó el cura, súbitamente reanimado.

—Me vuelvo a Barcelona —trató de sonreír—. Estoy cansada de que me sigan la corriente.

Ortega no volvió a mirar a Laura mientras ella empezaba a bajar por la escalera. Yo me puse en tensión ante la perspectiva de quedarme solo una vez más con él. De repente, los pasos en la escalera de caracol se detuvieron, volvieron a hacerse más próximos…

Laura asomó la cabeza por la parte superior y me dijo:

—¿Me acompañas?

XVIII

Fernán de Arriaga nunca olvidaría la estampa lejana de los dos caballeros, extrañamente ajenos a cuanto ocurría a su alrededor, dejando que los hombres de Tremedales levantaran el campo y se marcharan sin atreverse apenas a llamarlos, conscientes de que toda disposición humana estaba lejos de regir para ellos. Vio con fascinación a Moncada sacar de su loriga un sello de hueso con las llaves de san Pedro talladas en él, y comenzar a explicarle a Minaya por qué le había buscado y por qué estaba allí. Y vio la amarga expresión en el rostro del compañero del desterrado:

—Venís a hablar del Campeador. Todos quieren hablar del Campeador. Excepto yo.

—No vengo a hablaros del Campeador. Tan sólo me interesa la última noche.

—La última noche —repitió Minaya.

—Sí.

El leal lanzó una triste carcajada.

—No hay nada de interés en la última noche.

—Sí para quien tiene el mandato expreso de indagar en las sombras.

Minaya miró a Moncada con una extraña y torcida expresión, en la que aún flotaba parte de la risa con la que había recibido a su interlocutor. Movió la cabeza con desaliento:

—¿Y si no hubiera sombras en las que indagar, tocayo?

—No es eso lo que dicen los relatos.

—¿Qué relatos?

—Los relatos que hablan de alguien que cabalgó, no se sabe muy bien si vivo o muerto, y en compañía de su leal compañero llevó a cabo hazañas extraordinarias. Los relatos que dejan la duda de con quién se pactó en aquella noche.

Minaya pareció de repente sinceramente sorprendido:

—¿Pactar? ¿De qué pactos me estáis hablando? ¿Qué historias os han contado?

—Sabéis muy bien qué historia me han contado: la que está en boca de todos. La de un hombre muerto atado a un caballo con sus propias cinchas que vence una batalla. Pero vos y yo hemos montado en un caballo, y sabemos que eso no es posible, salvo que una fuerza superior intervenga.

Minaya respondió con una misteriosa y sarcástica risa.

—Eso no es todo —continuó Moncada—. He hablado con otros testigos, y pasaron más cosas que no tienen fácil explicación.

—¿Ah, sí? ¿Con qué testigos?

—Por ejemplo con Muño Gustioz, a quien conocéis bien.

Minaya hizo un gesto de desdén.

—Gustioz es un alma simple. Ha visto en cada día de su vida lo que ha querido ver.

—¿Y vos? ¿Qué visteis vos?

El rostro de Minaya se ensombreció.

—No tengo deseo alguno de hablar de eso —insistió.

—Y, sin embargo, es preciso que habléis —el tono de Moncada se había endurecido.

—¿Por qué? ¿Porque habéis venido hasta aquí para eso? ¿Creéis que es suficiente motivo?

—No. Porque vuestro silencio ensucia la memoria del Campeador.

Desconcertantemente, Minaya respondió a la apelación con una muy sonora carcajada. Una risa salida del fondo del alma, incontenida y amarga, que heló la sangre en las venas de Fernán y tuvo la virtud de irritar a Moncada:

—Basta, Fáñez. Os conmino a contarme lo que pasó.

Fáñez negó con la cabeza.

—No puede ser —dijo.

—No podéis negaros.

—Sí puedo.

—Entonces es cierto.

Minaya alzó las cejas:

—¿El qué?

—Que esa noche pactasteis con las potencias oscuras. Que el Campeador ofreció su alma por unas horas más.

El rostro de Minaya se transformó en una máscara de ira. Hasta el último rastro de la risa irónica se borró como letras en la arena, mientras el guerrero apretaba los puños y clamaba:

—¡Ignorantes! ¡Ignorantes supersticiosos! ¿Así que queréis saber lo que pasó? ¿No teméis a la verdad?

—No la temo.

—Tenedla, entonces.

Se produjo un silencio, que para Fernán duraría siglos en su memoria, un silencio que habría de recordar durante toda su vida.

La noche del 11 de julio —empezó Minaya—, doña Jimena vino a mis aposentos. Yo llevaba dos días sin ver al Campeador, y luchaba en vano por disipar la falsa noticia de su muerte, que había llegado ya hasta el campo enemigo. Sabía de buena fuente que se preparaba un nuevo asalto, y temía por los ánimos de nuestros hombres. Así estaban las cosas cuando le abrí la puerta. «Ayúdame, Minaya», fueron las palabras con que me saludó, y di por hecho que significaban que lo más temido había ocurrido ya, y el Campeador nos había dejado. Pero no era así. «Ayúdame, Minaya. Tienes que acompañarme a sus aposentos. Tienes que hablar con él». No comprendí qué era lo que quería, pero no pregunté. En silencio, temeroso de todas las miradas que iban a seguirnos por los corredores del alcázar, la acompañé a la torre en que habitaban y subí apresurado las escaleras…

Entré a la cámara noble con la reverencia que siempre sentía en aquellas estancias. Rodrigo y yo teníamos un trato muy próximo después de tantos años de incertidumbre, pero aquellas salas cubiertas de tapices y reposteros me recordaban los años errantes de dormir al raso, los días de pobreza en que apenas teníamos para dar de comer a nuestros hombres, y me hacían pensar en lo cambiante e insegura que era la vida.

El Campeador estaba tendido en su lecho, con los brazos estirados a lo largo del cuerpo, y parecía tan viejo como yo nunca lo había visto. Pero no tenía mal color, y de no ser por el gesto atormentado que atenazaba su rostro se hubiera dicho que estaba otra vez recuperado.

Me senté junto a él y le tomé la mano. Sólo en ese momento advertí que Jimena se había marchado, dejándonos solos.

—Rodrigo —dije simplemente.

El Campeador abrió los ojos. No olvidaré jamás el sobresalto que experimenté.

Porque aquellos ojos, aquellos ojos que tanto conocía, me eran desconocidos en ese momento, y sin embargo, había algo que había visto ya muchas veces sin saber dónde, pero no ahí. Tardé mucho tiempo en saber qué era.

—¡Minaya! —exclamó el Cid.

—Rodrigo, ¿qué tienes?

El Campeador me miró fijamente, y de repente solté su mano. Había reconocido lo que veía en sus ojos. Había recordado dónde lo había visto. Lo había visto en las pupilas de muchos otros hombres en el instante en que recibían el golpe mortal. En el de moribundos en el suelo.

Miedo.

—Minaya, no me dejes.

Volví a tomar su mano, avergonzado. El Campeador la agarró con fuerza antes de hablar:

—Minaya, no sé lo que me pasa. Nunca lo sentí antes. ¿Es esto morir?

Yo no tenía palabras para responderle. ¿Cómo iba a tenerlas? No supe decir más que banalidades:

—Rodrigo, me habían dicho que estabas mejor. ¿Qué te pasa?

—¿Qué me pasa? ¿Qué me pasa? No sé qué me pasa. O no quiero saberlo. ¿Te acuerdas de Sancho?

Me acordaba. Los dos lo habíamos visto agonizar, con la misma expresión en la mirada.

—Sancho era un valiente —dijo Rodrigo—. ¿No es verdad que lo era, Minaya?

—Lo era —confirmé—. El más valiente de cuantos te han servido.

—¿Te acuerdas de su cara?

Me acordaba bien. Aquel bravo guerrero había contraído una enfermedad que nuestros físicos no supieron curar. Le advertimos lealmente que no quedaba sino esperar. Y entonces aquel hombre recio y fuerte fue presa del miedo. Aquel hombre que nunca había temido a nada temió a lo invisible.

Traté de hacer que el Campeador pensara en otra cosa:

—Rodrigo, no puedes seguir encerrado aquí. La gente murmura. Y los enemigos se envalentonan.

—¿No entiendes que no puedo dejar que me vean?

—Al contrario, es preciso que lo hagan. De lo contrario, Valencia caerá.

No respondió nada, y su silencio me hizo temer que hubiera llegado a un punto en el que los demás no importáramos nada. Si había ocurrido eso, si aquel hombre entregado a las vidas de los suyos había dejado de pensar en ellos, entonces sí que había llegado el final.

—Rodrigo… —insistí.

—No puedo —confesó, rendido—. Dios sabe que jamás he temido morir ante la espada, pero esta muerte que se aproxima, esta muerte en la cama que veo venir, esta muerte que avisa, es peor que mil muertes en combate. Paraliza mis dedos —levantó una mano agarrotada, en la que se advertía un ligero temblor—, lastima mi honor, insulta mi nombre. Y no puedo librarme de ella. No puedo morir de una vez y dejar de esperarla.

Bajé la cabeza. Pensé esforzadamente. Porque, de llegar a saberse, lo que me contaba era peor que su propia muerte. Tenía que evitarlo.

—Entonces, Rodrigo —dije—, sal a su encuentro, tal y como has hecho tantas veces.

Me miró con los ojos desorbitados.

—¿Cómo?

—Enfrentándola en el campo de batalla. Los nuestros necesitan de tu presencia.

Una expresión de genuina angustia ocupó su rostro. Lanzó un prolongado gemido.

—No puedo —dijo.

Entonces me indigné.

—No admito que no puedas —le contesté—. Podrás, como has podido siempre. Y lucharás al frente de tus hombres, y contra la Muerte si es preciso.

Negó con la cabeza, por toda respuesta.

—Lucharás aunque tenga que atarte al caballo —le respondí, y me puse en pie de un salto.

Mientras caminaba hacia la puerta, alcancé a oír su grito:

—¡Minaya!

Pero ya no era posible detenerme. Abrí de un tirón y empecé a gritar:

—¡Milagro! ¡Milagro!

En la antesala estaban Jimena y sus hijas, que me miraron con gesto espantado, cual si hubiera perdido la razón. No tardaron en acudir hombres corriendo.

—¡El Campeador ha vuelto a la vida! —grité—. ¡Reclama su caballo y su Tizona!

Los hombres vitorearon alborozados, mientras yo prestaba atención al silencio que salía de la cámara. Expliqué a los guerreros que acudían que el Cid aún era presa de la rigidez de la muerte, que necesitaría ayuda para vestirlo, para hacerlo montar a Babieca, que no había que descartar que fuera preciso sujetarlo a la silla.

—Pero, Minaya, ¿cómo podrá el Cid combatir así?

—Lo hará —respondí, tratando de parecer convencido.

Notaba en mi espalda, constantemente, la mirada alucinada de Jimena, que no se atrevía a decir nada. Sin pronunciar palabra asistió al espectáculo de los hombres armando a su marido, en cuyos ojos imperaba la muerte, y de cómo yo mismo le calcé la capucha de la loriga y le puse el yelmo, implorando que el ancho protector nasal velara su mirada ante los otros. Sin pronunciar palabra vio cómo, en un silencio roto tan sólo por el entrechocar metálico de los soldados armándose y montando, lo atábamos a la silla. Yo empuñaba sus riendas en vez de él.

Para entonces yo ya estaba tranquilo. Al sentir la Tizona entre los dedos, único asidero en el que había tenido que confiar durante años, la había empuñado, y a mí me bastaba con aquel signo para saber que estaba vivo. Le miré de soslayo antes de dar las órdenes. No me devolvió la mirada.

—¡Abrid las puertas! —ordené.

Los enormes portales de la ciudad se abrieron, y vimos la masa blanca del enemigo.

Lancé un alarido y golpeé con mi espada la grupa del caballo del Cid, aun antes de picar espuelas al mío. Salimos tan deprisa que no supe si nos seguían.

No me importaba nada lo que fuera a ocurrir. Bajamos la pendiente que llevaba a las playas como dos criaturas del infierno o del cielo, y conforme nos íbamos acercando a los sitiadores, cuando llegué a la distancia posible de ver sus rostros, pude contemplar en sus ojos el mismo espanto que había visto en Rodrigo una hora antes: la visión de la Muerte.

Retrocedieron. Retrocedieron sin que llegáramos a tocarlos. Rodrigo de pronto había levantado la espada, y en sus ojos había dejado de arder la fiebre del miedo.

Solté sus riendas. Supe que los nuestros nos seguían porque a nuestra espalda se alzó un clamor. Después de eso, todo fue batalla, combate, y victoria.

Minaya bajó la cabeza. Un cansancio extremo abrumaba sus hombros. Su voz vibraba cuando volvió a hablar:

—En cuanto el enemigo se puso en fuga, en cuanto los salvajes gritos de la victoria llenaron las gargantas de los nuestros, busqué a Rodrigo. Lo distinguí llevado por su montura, un tanto inclinado sobre el cuello del bruto, y pronto me di cuenta de que el animal trotaba sin rumbo. Lo alcancé en una corta cabalgada, y recobré sus riendas. Apoyé una mano en el hombro derecho de Rodrigo y lo incorporé. Estaba muerto.

Álvar Fáñez alzó la cabeza. Por sus mejillas corrían dos lágrimas que trazaban surcos entre el polvo.

—Y bien, comendador —dijo, con voz estremecida—. Esto es lo que tanto quisisteis saber. Esto es lo que ahora podéis contar a vuestros superiores. Esto es lo que ahora podéis contar al mundo, si queréis. Que el Campeador conoció el miedo. Un miedo tan grande que estuvo a punto de hacerle olvidar su propia persona y sus obligaciones.

—Pero, señor de Moncada… —se atrevió a decir Fernán—. Mi padre siempre dice que el miedo acompaña a los hombres. El Cid habría tenido que ser sobrehumano para…

—Hace mucho que el Cid ya no es un hombre —le interrumpió Minaya—. Ése es el pecado que hay tras esta historia. Llegó a ser más que un hombre, no se le permitió morir como tal. Yo no se lo permití.

Bajó la cabeza.

Hacía ya un rato que Moncada miraba fijamente al suelo. Por fin, la estatua en que se había convertido Moncada se movió.

Fernán de Arriaga y Minaya Álvar Fáñez vieron cómo metía la mano en la loriga, y sacaba el sello de hueso que acreditaba su condición. Lo dejó caer al suelo despreocupadamente. Acto seguido se puso en pie, desenvainó la espada y lo partió en dos con un violento golpe.

Minaya sonrió débilmente.

—Ahora vos también sabéis cuán difícil es vivir sin certidumbres.

El Comendador de las Sombras asintió en silencio. Su boca se había convertido en una raya pintada en el rostro.

—¿Hubierais preferido otra cosa? —insistió sarcástico Minaya—. ¿Confirmar ese pacto al que antes os referíais?

Moncada sonrió.

—No —dijo—. Creo que no.

Los tres hombres guardaron silencio unos instantes, y entonces Minaya se volvió a Fernán:

—¿Me aceptáis un consejo?

Fernán alzó la cabeza.

—Por supuesto.

Minaya señaló el lugar por donde se habían ido los hombres de Tremedales:

—No sigáis con esa chusma.

—No lo hagáis vos tampoco —terció Moncada.

—Yo busco otra cosa junto a ellos.

—Buscadla con el rey. Hay mil maneras de encontrar la muerte, y al menos seréis útil. Todo el mundo puede encontrar maneras de volver a ser útil.

Puso la mano encima del hombro de Minaya y lo apretó en silencio.

—Adiós, Minaya —dijo—. Hacedme caso y seguid un camino que vaya a alguna parte.

—¿Lo haréis vos?

Moncada se dirigió hacia su caballo. Con las manos puestas en el arzón de la silla, se volvió, aún más sonriente:

—Creo que sí. Pero necesitaré el permiso de Fernán, y que me acompañe.

Esta vez fue Fernán el que mostró sorpresa. Frunció el ceño un momento, antes de recobrarse y sonreír abiertamente:

—Me parece que os entiendo.

XIX

Llenamos el maletero y el asiento trasero del diminuto coche de Laura con la mayor cantidad de sus cosas que le fue posible empaquetar, y cerramos la puerta de la casa como si cerráramos la mitad de una vida.

Durante todo el tiempo transcurrido, Laura no había dejado de llorar. Las lágrimas corrían por su rostro mientras abría armarios, recogía objetos, cerraba maletas. Lloraba en silencio, y tampoco yo hablé, porque hay una frontera que las palabras no pueden cruzar.

La ayudé a cerrar uno tras otro los postigos de la vieja casa de pueblo, subí con ella al coche y me dejé llevar.

Por el camino a la ciudad, sí conversamos, de cosas intrascendentes, aunque la sensación que ocupaba mi alma era que se me estaba terminando el tiempo.

Bajamos delante de la estación de la que iba a salir mi tren, y Laura se inclinó hacia mí y me besó en la cara, muy cerca de la boca.

La vi sonreír mientras volvía al coche y cerraba la portezuela.

Y el tiempo se acabó.

XX

Minaya murió doce años más tarde, combatiendo en defensa de la reina Urraca, después de haber sido jefe de los ejércitos castellanos derrotados en Uclés ante los almorávides. Fue enterrado en San Pedro de Cardeña junto al Campeador.

Moncada falleció muchos años después, tras haber sido víctima de una excomunión por incumplir el mandato de Roma y negarse a contar lo que había averiguado, aunque la excomunión nunca llegó a aplicársele porque su espada era imprescindible en los frentes de batalla y porque declaró ante sus perseguidores haber puesto por escrito y a buen recaudo cuanto sabía de ellos.

Cuando él y su esposa murieron, su cuñado Fernán de Arriaga, comendador del Temple, recogió sus cadáveres y en el mayor secreto los hizo enterrar juntos en una iglesia de la orden, con una sola lápida que devolvía a Moncada su vieja dignidad y un ambiguo retrato en el que aparecían las llaves de san Pedro y un guerrero lampiño.

Salamanca, 20.09.2009 - 11.07.2010